SKY가 무너지고 있다
20세기 공부법은 그만!
질문을 활용하는
21세기 공부법 소개

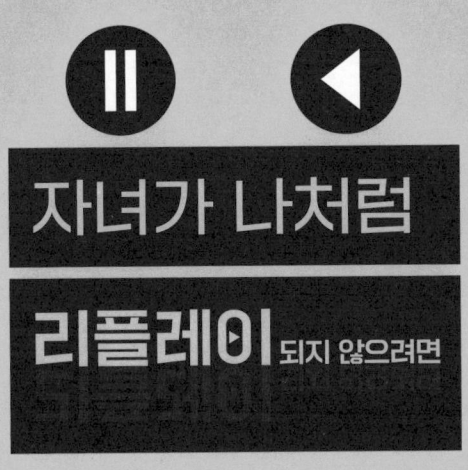

자녀가 나처럼
리플레이 되지 않으려면

안병조

당신은 어떤 컬러로 자녀를 보고 있습니까?

도서출판 참

프롤로그prologue

많은 부모가 자식만큼은 나처럼 되지 않길 바란다. 그런데 신기한 것은 대다수의 부모가 자신과 똑같은 패턴으로 자녀를 공부시키면서 자신과 다른 삶을 살기 원한다는 것이다. 나랑 똑같은 패턴으로 공부하고 나랑 똑같은 길을 걷게 하면서 1등으로 달리기만을 원한다. 이건 다람쥐가 쳇바퀴를 돌고 있는 것과 다르지 않다. 쳇바퀴를 벗어나고 싶어 하지만 조금 더 큰 고양이 쳇바퀴(캣 휠)로 들어가는 꼴밖에 되지 않는 것이다. 쳇바퀴로 옮겨 봤자 결국 쳇바퀴는 쳇바퀴다. 거기서 벗어나고 싶다면 완전히 빠져나와야 한다! 그렇지 않다면 이건 시대만 달라졌을 뿐 비디오를 반복적으로 재생하는 리플레이가 될 수밖에 없다. 자녀가 나와 같은 리플레이 되는 삶을 살지 않게 하기 위해서는 어떻게 해야 할까? 나와 다른 방식으로 공부해서 나와 다른 방식의 길을 걸을 수 있도록 문을 열어줘야 한다.

모두가 이런 생각은 하겠지만 생각만으로 끝나는 이유는 안타깝게도 부모가 자신이 했던 방식 말고 다른 교육 방식을 전혀 알지 못하기 때문이다.

부모의 우물에서 벗어나지 못하면 결국 부모의 수준밖에 살지 못한다. 우리나라 교육의 틀은 너무나 완고하다. 지금의 '틀'이 너무 완고해서 무너뜨리는 게 쉽지 않다. 그래도 달라지고 싶다면 무너뜨려야 되지 않을까? 누군가 이런 말을 했다. "부모가 하라는 대로 살아가면 딱 부모의 인생밖에 살지 못한다." 나에게 '그렇게 살면 두렵지 않나요?'라고 물어보는 사람이 있다. 그것도 대화할 때마다 이런 질문을 던져 주신다. 반대로 내가 물어보고 싶다.

"대학을 위해 공부하는 동안 두렵지 않았는가?"
"대학을 졸업하고 취업을 준비하면서 두렵지 않았는가?"
"이제 직장에서 일하면서 언제 해고될지 몰라 두렵지 않은가?"

"그렇게 해고가 되었을 때 준비되어 있지 않은 앞으로 남은 자신의 삶이 두렵지 않은가?"

진짜 두려움을 느껴야 할 대상은 내가 아니다. 그건 바로 당신이다! 내가 주도할 수 없는 인생이 진짜 두려운 인생이다. 만약 내가 아무런 대비도 없이 막연하게 '잘될 거야'라고 말하고 있는 것이라면 나의 미래가 보이지 않기 때문에 두려움을 느끼는 게 당연하겠지만 난 누구보다 열심히 미래를 준비하고 있기에 두려움보다는 설렘이 더 크다.

두려움의 떨림과 설렘의 떨림은 우리의 심장이 느끼기에는 똑같은 반응이다. 똑같은 반응이라면 당신의 자녀가 두려움의 떨림을 느끼게 하고 싶은지, 설렘의 떨림을 느끼게 해 주고 싶은지 잘 생각해 보길 바란다.

시대는 정말 빠르게 변하고 있고 대학은 더 이상 우리의 미래를 책임져 주지 않는다. AI를 비롯한 인류의 삶을 크게 뒤바꿀 수 있는 여러 기술들이 등장하고 있는데 멍청하게 수능만 준비할 것인가? AI 기술을 활용해서 시대를 앞서가는 공부를 해야 하지 않을까? 이제는 구글 검색 시대를 넘어 ChatGPT 시대가 열렸다. 놀라운 건 자녀들의 학업에 올인하고 있으면서 여전히 ChatGPT를 모르는 부모가 많다는 것이다.

ChatGPT를 알고 있다 하더라도 여전히 부모들은 ChatGPT를 잘 가르쳐 줄 학원을 찾고 있는 걸 보면 안타깝다는 생각이 든다. 당연히 학원이 필요하다고? 처음 컴퓨터가 등장했을 때 우리는 타자를 배우기 위해 컴퓨터 학원을 찾았다. 그런데 이제는 더 이상 타자를 배우기 위해 컴퓨터 학원을 가지 않는다. 그 이유는 컴퓨터를 하다 보면 자연스럽게 컴퓨터를 다루는 스킬을 습득할 수 있기 때문이다. 배움은 이렇게 자연스러운 것이다.

3살짜리 아이에게 스마트폰 사용법을 알려 주지 않아도 스마트폰만 던져 주면 어느 순간 유튜브를 통해 아이가 스스로 자기가 보고 싶은 영상을 보고 있는 모습을 발견할 수 있다. 이게 가능한 이유가 뭘까? 3살 아이는 틀을 가지지 않고 그냥 하고 싶은 게 될 때까지 해 보기 때문이다. 그 결과 알려 주지 않아도 스마트폰을 손으로 드래그해서 자신이 보고 싶은 동영상을 선택해서 보게 된다.

  학원&학교를 통해 주입식 교육에만 익숙해진 결과, 우리는 배운 걸 토대로 실생활에 활용하는 방법은 전혀 알지 못하게 되었다. 배우는 게 중요한 것이 아니다. 그것을 왜 배우고 싶은지 스스로 생각하고 선택할 수 있어야 한다. 그렇게 된다면 머릿속에만 있는 지식이 아닌 배울 걸 토대로 무엇인가 만들어 낼 수 있는 인재들이 많아지게 될 것이다.

  리플레이가 아닌 리-플레이하고 싶다면 이제 플레이해 보자!

목차

004 　 프롤로그

PART 1. 어떤 컬러로 당신의 자녀를 보고 있는가?

- 013 | 01 하늘이 무너지고 있다
- 017 | 02 어떤 컬러로 당신의 자녀를 보고 있는가?
- 021 | 03 청소년 공부의 목적
- 026 | 04 여전히 가난한 아빠
- 030 | 05 자본주의 나라가 맞는가?
- 035 | 06 청소년, 돈 공부를 위한 파이프라인 우화 이야기
- 040 | 07 공부 잘한다는 기준
- 046 | 08 공부란 무엇일까?
- 051 | 09 프레임 싸움의 승자
- 056 | 10 그럼 어떻게 공부를 시작해야 할까?

PART 2. 부정당하면 고개만 끄덕이자

- 063 | 11 스마트폰으로 게임과 영상만 보는 이유
- 067 | 12 스마트폰으로부터 우리 아이를 구하자?
- 072 | 13 개미가 타고 있어요
- 076 | 14 공부도 재미없으면 오래 할 수 없다
- 081 | 15 스타트업에 시드 머니를 투자하자
- 088 | 16 어렸을 때부터 돈 공부를 시켜야 하는 이유!
- 096 | 17 작게라도 시작하자
- 101 | 18 잘하기 위해
- 106 | 19 부정당하면 고개만 끄덕이자
- 111 | 20 공부의 시작은 질문이다

PART 3. 질문을 통해 답을 찾는 게 어려운 이유

119	21	인풋만 있고 아웃풋이 없다
127	22	그럼 생기부는 어떻게 작성해야 할까?
134	23	정말 너한테 대학이 필요할까?
137	24	질문도 질문이다
145	25	문제 출제 전문가 '다르파'
150	26	흉내를 낼 거라면
155	27	기업가? 괴짜? 혁신가?
161	28	세 살 버릇 여든까지 간다?
165	29	기존 방식에 의문을 가져라
171	30	질문을 통해 답을 찾는 게 어려운 이유

PART 4. 스트레스로 고통만 받고 있다면

179	31	위대한 미국의 귀환? 위대한 한국의 귀환!
186	32	스트레스로 고통만 받고 있다면
189	33	우리는 질문하고 있는가?
195	34	ChatGPT "영어 공부 어떻게 하면 좋을까?"
200	35	ChatGPT "글을 잘 쓰고 싶은데 어떻게 하면 좋을까?"
206	36	ChatGPT 유튜브를 시작하고 싶어!
214	37	ChatGPT 디자이너가 필요해!
221	38	블로그 수업 만들어 볼까?
231	39	생각을 활용하는 방법
234	40	아프지만 않고 건강하게 커 달라? 그건 몇 살까지만 유효?

239	에필로그

도서관에서 이 책을 찾았다면 다시 그 자리에 놔두길 바란다.
공짜로 이 책을 읽게 된다면 당신은
이 책을 통해 얻게 되는 게 하나도 없을 것이다.
제대로 투자에 성공하고 싶다면 돈이 필요하다.
돈을 투자하지 않는다면 당신은
내 책의 내용을 평가만 할 뿐 실천하지 않을 것이다.
어떤 정보든, 돈이든, 내가 잃을 게 없다면 얻을 수 있는 것도 없다.
그것을 얻고 싶다면 책에 투자하자.

PART **1.**

어떤 컬러로
당신의 자녀를 보고 있는가?

Chaper 01

하늘이 무너지고 있다

충격적인 영상을 하나 봤다. 서울대와 연세대, 고려대 수시 합격자 가운데 2,206명이 등록을 포기했다고 한다. 합격자 중에 1/3이 등록을 포기한 것이다. 대한민국이 망하더라도 살아남을 것 같았던 SKY 대학이 무너지기 시작한 것이다. 조금 더 자세히 살펴보면 연세대는 2,110명 중 827명으로 약 40%, 고려대는 2,533명 중 1,241명으로 무려 절반 가까이 등록을 포기했다. 그런데 더욱 충격적인 사실은 인문계보다 자연 계열 수시 합격생이 더 많았다는 것이다. 일반적으로 인문 계열 취업이 더 어렵기 때문에 자연 계열을 선호하는 학생들이 많았지만 이것조차 무너지고 있는 것이다. 자연 계열을 포기한 이유는 이름 있는 상위권 대학보다 의약 계열 학과를 선택하는 추세가 강해지고 있기 때문이다. 학과별 모집 현황을 보면 서울대 의예과와 치대만 수시 합격자 전원이 등록했고 식품영

양학과, 응용생물화학부, 간호학부, 생명과학부 등은 등록 포기가 30~40%에 달했다. 정부가 인재 육성 정책의 핵심으로 꼽고 지원을 약속한 반도체 학부 상황은 더욱 심각하다. 자료가 공개된 서울 주요 대학 반도체 학부를 보면 수시 합격생 70%가 등록을 포기했다. 취업이 100% 보장되는 정책적 지원을 받는 최상위 대학의 자연 계열도 결국 의대에 밀렸다는 분석인 것이다.

이런 현실에 더욱 충격적인 것은 여전히 우리의 부모들과 교육 시스템은 오로지 대학에만 초점이 맞춰져 있다는 것이다. 약 10년 전에 학교에 강연하러 갔을 때 "대학은 미래가 아니다. 시대에 맞는 새로운 공부 방법이 필요하다"라고 이야기했을 때 학교 선생님들은 나를 미친놈 취급했었다. 일부 선생님 중에서는 "강사님께서 말씀하시는 내용이 맞아요. 그런데 현실성이 조금 부족하네요. 그래도 한국에서 대학은 나와야죠!"라는 이야기를 해 주셨다. 작가가 되고 3번째로 집필했던 『대학 가게? 그냥 사장 해!』를 집필했을 때는 책의 표지만 본 어떤 분께서 "작가가 여행만 다녀서 세상 물정을 전혀 모르는가 보다. 대학 가지 말라는 이야기는 10년 전에 잠깐 유행했다 사라진 이야기인데"라는 메시지를 남겨 주셨다. 그런데 현실은 어떤가?

지금 누군가 '지구가 도는 것이 아니라 하늘이 돈다'라고 천동설을 주장하면 어떻게 될까? 사람들은 그 사람을 제대로 미친놈이라고 생각할 것이다. 그런데 지동설이 처음 나왔을 때 상황은 어땠을까? 당시 저서 『두 우주 체계에 대한 대화』를 통해 지동설을 설파하던 갈릴레이가 종교 재판에 회부되어 문책 받고 어쩔 수 없이 재판정에서 천동설을 긍정했지만, 재판이 끝나고 나오면서 혼잣말로 "그래도 지구는 돈다"라고 말했다는 속설이 전해지고 있다. 나도 조심스럽게 이야기하고 싶다. "그래도 공부는 해야 한다." 그러나 현재 교육 시스템으로 공부하는 것에 반대한다. 천동설이 틀렸다는 걸 인정하는 것이 틀을 깨야 하는 문제였던 것처럼 쉽지 않겠지만 객관적으로 현재의 교육 시스템으로는 미래 사회를 올바로 살아갈 수 없음을 인정해야 한다. 지금 우리가 하고 있는 행동은 '밑 빠진 독에 물 붓기'라는 것을 먼저 인정해야 한다. 물을 계속 쉬지 않고 붓다 보면 일부만 독에 물이 머물게 되는데 현재 교육 시스템으로 살아남는 수 정도라고 생각한다.

무너진 교육 체계를 유지하기 위해 모든 것을 다 투입하고 있는 대한민국 계속 이렇게만 투자하면 너무 위험하다. 우리 사회는 청소년을 위하는 것처럼 보이지만 대학 입시에만 너무 과하게 몰입하고 있다. 모든 것이 아이들을 위한 것처럼 보이지만 진정 그 시절에만 느낄 수 있는 아이들의 행복, 추억은 존재하지 않는다. 그뿐만 아니라 아이가 가진 호기심을 토대로 아이만을 위한 공부법이 존재하지 않는 것이 현실이다.

"다 너를 위한 일이다. 미래를 위해서 그냥 부모가 시키는 대로 해!"

그 아이가 우리 나이가 되었을 때 성공하기 위한 행복이 아닌 지금 당장 행복을 느낄 수 있어야 되지 않을까? 그 행복을 느낀 토대로 그 행복을 유지하기 위해 어떻게 공부하면 좋을지 알려주는 게 올바른 어른들의 역할이라고 생각한다.

지금 현대의 교육 시스템을 진지하게 생각해 보자. 아이들에게 하고 있는 교육 투자가 마이너스 투자라면? 그것을 지키기 위해서 계속 투자해야 할까? 아니면 새로운 틀로 아이들을 교육해야 할까? 관점을 바꿔야 한다. 십 년 전이나 지금이나 나는 똑같은 이야기를 하고 있다. 무조건 대학을 보내지 말자는 것이 아니라, 아이가 하고 싶어 하는 일이 대학이 꼭 필요하다면 보내고 그렇지 않다면 아이가 하고 싶어 하는 일을 도와주는데 하나의 도구로만 대학을 생각하자고. 그 생각의 결과 대학이 필요하다면 선택을 하는 것이고 아니면 버릴 수 있어야 한다. 다시 말해 관점을 바꿔야 한다. 그 속에서만 그것을 계속 바라보면 그것이 틀린 줄 모르고 계속 그 안에서만 생각할 수밖에 없게 된다. 우물 안의 개구리처럼 말이다! 우물 안에서 보고 있으니 느끼지 못할 뿐, 하늘이 무너지고 있다.

지금과 다른 교육이 필요하다고 생각하는가? 그럼 다음 페이지로 함께 가보자!

Chaper 02

어떤 컬러로
당신의 자녀를 보고 있는가?

선글라스를 낀 상태로 실내로 들어와서 "낮인데도 실내가 왜 이렇게 어두워?" 이런 이야기한 적이 있는가? 실내가 어둡게 보였던 이유는 실제로 실내가 어두워서 어둡게 보였던 게 아니라 선글라스를 착용하고 있었기 때문에 실내가 어둡게 보였던 것뿐이다. 그럼 밝게 세상을 보고 싶다면 어떻게 하면 될까? 선글라스를 벗으면 그만이다.

이처럼 우리가 사물을 객관적으로 보지 못할 때 "색안경 끼고 보지 마" 이런 이야기를 많이 한다. 색안경을 벗은 상태로 세상을 객관적으로 볼 수 있으면 좋겠지만 사람들은 살아온 환경, 문화, 습관 등으로 인해 어쩔 수 없이 색안경이 생길 수밖에 없다. 그 색안경이 우리의 삶에 도움이 되는 부분도 있겠지만 그 색안경이 본질을 바라보지 못하게 한다면, 색안경을 당장 벗어야 하지 않을까?

색안경을 다른 말로 하면 "틀"이다. 우리는 청소년들을 바라볼 때 틀 없이 바라보고 있는가? 틀 없이 바라보면 좋겠지만 우리는 절대 벗을 수 없을 것 같은 거대한 틀을 착용한 채 청소년을 바라보고 있다. 우리가 절대다수의 청소년을 바라보며 답답한 이유가 뭘까? 이유는 간단하다. "착하지만 공부를 못해요." "다 좋은데 성적이…….참", "저 상태로 대학은 갈 수 있을지 걱정이 되네요."

그건 바로 대학이다! 대학만 나와도 어느 정도 성공을 할 수 있었던 시절이 있었다. 그 시절은 바로 X세대가 대학생이었을 때다. X세대가 부모가 되면서 자신이 성공했던 그 방법으로 여전히 자녀들이 성공할 수 있다고 맹신하고 있다. 명절 때 청소년&청년들이 친척들을 만나고 싶어 하지 않는 이유를 잘 생각해 봐라. 그들이 취업하기 싫어서, 돈 벌기 싫어서 집에서 놀고 있다고 생각하는가?

취업하고 싶어도 취업할 곳이 없고, 돈 벌고 싶어도 돈을 어떤 방식으로 벌 수 있는지 단 한 번도 배운 적이 없기에 X세대가 봤을 때 열정 없이 살고 있는 것처럼 보이는 것이다. 이제는 대학을 나와도 할 수 있는 게 별로 없다는 것을 인정해야 한다. 현실을 좀 바라보자. 대학을 나와도 학생들이 학과랑 상관없이 취업 준비 및 고시를 준비하는데 미쳤다고 초, 중, 고 합쳐서 12년, 대학교 4년을 위해 그렇게 많은 돈을 투자하고 있는가?

솔직히 말하면 투자도 아니다. 이게 투자라면 누군가는 이익을 얻어야 하는데 유일하게 이익을 보는 집단은 학원뿐이다. SKY 대학 출신 선생님이 있는 학원, 과외? 그들이 SKY 대학까지 나와서 정작 하고 싶었던 일이 학원 또는 과외 선생이었을까? 지금 당신의 자녀가 열심히 공부해서 SKY 대학을 나와서 학원 또는 과외 선생이 되었으면 하는 바람으로 그렇게 좋은 대학을 보내기 위해 기 쓰고 있는 것은 아닐 것이다.

다람쥐 쳇바퀴에서 이제 우리는 내려와야 한다. 대학이라는 틀을 빼고 생각해 보자. 대학이라는 틀을 빼고 자녀를 바라보자. 이게 그렇게 어려운가? 진짜 우리 자녀가 문제가 그렇게 많은가? 진짜 자녀만 보면 답답하기만 한가? 아닐 것이다. 그 틀을 빼고 다시 자녀를 본다면 나름 괜찮은 아이가 당신 앞에 있을 것이다. 그 틀을 깨지 않는 이상 미안하지만, 당신은 자녀의 진정한 가치를 발견할 수가 없을 것이다. 그 틀을 뺀 상태로 다시 당신의 자녀를 바라보길 바란다. 내가 이 공부를 왜 해야 하는지도 모른 채 병들어가고 있는 자녀를 바라볼 수 있게 될 것이다. 불쌍하지 않은가? 불쌍하지만 그게 여전히 최선이라고 생각하는가? 그렇다면 지금 방식 그대로 계속하면 된다.

부모들에게 물어보고 싶다. 당신은 대학 나와서 지금 뭘 하고 있는가? 자녀들이 대학 나왔다고 다르겠는가? 스스로 공부하는 법, 스스로 생각하는 법을 배우지 못한 아이들이 좋은 대학만 나왔다고 스스로의 삶을 살 수 있겠는가? 미안하지만 나는 절대 불가능하다고 생각한다.

지금 당신의 아이는 블랙인가? 그렇다면 당신의 아이가 아닌 당신의 색안경이 잘못되었을 수 있다. 지금 당장 그 선글라스를 벗어 던지길 바란다. 그리고 당신이 원하는 컬러가 아닌 자녀가 어떤 컬러로 자라고 싶은지 그 컬러를 같이 찾아 주어야 하지 않을까?

Chaper 03

청소년 공부의 목적

　청소년들이 공부하는 목적이 뭘까? 진짜 교과서에 나오는 내용 정도는 알아야 해서 공부시키고 있는 것일까? 만약 교과서 내용 정도는 알아야 한다고 생각한다면 한 가지 질문을 던지고 싶다. 지금 수업 시간에 배우고 있는 내용이 시험에 나오지 않아도 괜찮은가? 만약에 이렇게 된다면 많은 학부모들이 학교에 항의 전화를 엄청나게 하게 될 것이다. 선생님께서 교과서 내용보다 아무리 유익한 정보를 학생들에게 알려 준다고 해도 시험에 나오지 않는다면, 학부모님들 엄청 난리를 부리게 될 것이다.

　진심으로 다시 생각해 보길 바란다. 살아가는데 교과서에 나오는 지식 정도는 필요한가? 솔직히 말해서 교과서보다 도서관에 있는 책 몇 권만 읽어도 충분히 습득할 수 있는 지식 아닌가? 교과서

보다 더 현실성 있는 지식을 배울 수 있지 않을까? 만약 학교라는 곳에 시험이 없어진다면 지금처럼 부모들이 더 좋은 학교로 자녀를 보내기 위해 기를 쓰면서 본인 수입의 절반 이상을 학원비로 소비할까? 나는 아니라고 본다.

나는 대학교에서 부동산을 공부했었다. 1학년 1학기 2주 정도 보내고 나니 이런 생각이 들었다. 내가 이걸 배우기 위해서 대학에 왔나? 도서관에 있는 부동산 책 10권 정도 읽는 게 훨씬 더 부동산에 대해 더 잘 알 수 있지 않을까? 실제로 대학교 4학년을 졸업한 사람 중에서 부동산 임대차 계약서를 쓸 줄 아는 사람은 별로 없었다. 자취했던 경험이 있는 학생만이 겨우 부동산 임대차 계약서를 쓸 수 있었다.

최근에 공부와 관련된 TV 프로그램을 본 적 있다. 프로그램 속 부모들은 일방적으로 공부를 시키려 하고 학생들은 죽고 싶을 정도로 공부하기를 싫어했다. 부모들은 왜 공부를 시키려고 할까? 다른 이유는 없다. 프로그램을 보면 부모가 공부시키는 이유는 오로지 대학이다.

"매년 망한다 했는데 이번에 지방대 역대급 충격이 온다." 충격적인 사실은 이런 뉴스를 접하게 일상이 되었다는 사실이다. 지금도 카페에서 글을 쓰고 있는데 옆에 초등학생을 자녀를 둔 학부모들의 이야기가 귀에 들어온다. "학원 이야기" 좀 더 좋은 동네로 가서 좋은 학교로 아이를 진학하는 방법에 관한 이야기뿐이다.

요즘 부모들의 대화에서는 자녀들이 좋아하는 게 뭔지, 이런 이야기는 존재하지 않는다. 너무 슬프지 않은가? 그렇다면 학생들이 공부를 죽도록 싫어하는 이유는 뭘까? 이유는 간단하다. 재미가 없기 때문이다. 그렇다면 왜 재미가 없을까? 현재 공부의 전부라고 알고 그 공부 안에서 자신이 주도적으로 선택할 수 있는 게 하나도 없기 때문이다. 이 재미없는 공부를 왜 해야 하는지? 제대로 된 이유를 알지도 못한 채 맹목적으로 부모의 강요 때문에 할 수밖에 없는 공부이기 때문에 재미있을 수가 없다. 특히 학생들은 수학을 싫어한다. 그런데 살면서 2차 방정식이 정말 필요한가? 살면서 미분/적분을 활용해서 살아가는 사람이 몇 명이나 될까? 그렇다면 학생들이 죽도록 싫어하는 수학은 왜 만들어졌을까?

수학의 유래는 다양하지만, 수학은 자연에서 이치를 발견해 실생활에 응용하는 학문이라는 공통점이 있다. 그래서 수학을 통해 과학을 이해할 수 있으며 과학은 수학의 발달에서 시작할 수 있었다. 수학은 이미 고대로부터 자연의 이치를 토대로 발전해 왔는데 대표적인 나라로 이집트를 꼽을 수 있다. 이집트 사람들은 지중해로 흐르는 나일강 주변에 집중적으로 모여 살았다. 나일강은 물이 풍부하고 주변 일대의 땅을 비옥하게 적셔 주었고 매년 일정한 시기에 대홍수가 일어나 상류에서부터 씻겨 내려온 기름진 토양으로 더욱 비옥해질 수 있었다. 그런 덕분에 나일강은 홍수 이후에는 땅에 거름을 주지 않아도 농사가 잘되어 이집트를 '나일강이 준 선물'로도 표현한다. 이렇듯 자연의 혜택 덕분에 이집트는 제일 먼저 세계 문명 발생지가 될 수 있었다. 그런데 해마다 발생하는 나일강 범람은 여러 가지 문제를 발생시켰는데 이집트 왕조는 이 문제에 대해 대책이 필요했다. 첫째는 나일강 범람 시기를 정확히 알아내 미리 준비하고 피해를 줄이는 일이었다. 이에 따라 역학이 발달하여 일찍부터 달력을 사용할 수 있었다.

둘째는 나일강을 잘 다스려 생활에 도움이 되도록 여러 가지 기술을 정비할 필요가 있는데 이를 위해 운하를 파서 수문을 만들고 범람에 대비해 제방과 둑을 쌓기 시작하면서 토목 기술이 발달할 수 있게 되었다. 이에 따라 나중에는 피라미드까지 건설할 수 있게 된 것이다.

셋째는 나일강 범람 이후 구분이 어려워진 농토를 정리할 필요가 있었는데 그 이유는 세금을 징수하기 위함이다. 농토를 정리하고 세금을 징수하는데 토지 넓이를 측량하는 기술이 발달하였는데 그리스 헤로도토스가 쓴 책에는 다음과 같이 기록되어 있다.

세소스토레스 왕은 모든 이집트 사람들에게 사각형의 토지를 제비를 뽑아 나누어 준 다음, 농사를 짓게 하여 매년 세금을 받고 있었습니다. 그러나 대홍수로 토지가 유실되면 땅 주인은 곧바로 왕에게 이 사실을 알렸는데, 그러면 어느 정도 유실되었는지를 측량하여 유실된 땅만큼의 세금을 빼고 나머지 땅의 세금만을 내게 했습니다.

이집트는 토지 측량술이 쓰이고 있었는데 이때 관계되는 수학이 바로 기하학이다. 간단하게 말해서 수학에는 정확한 답이 있다. 수학이 만들어지고 발달한 이유는 수학은 답이 있으므로 누구에게나 공평하다는 것이다. 학교에서 이런 식으로 먼저 수학의 탄생을 알려준다면 수학에 대한 호기심이 생기지 않을까? 살아가다 보면 공평하지 못한 일이 발생했을 때 학교에서 배웠던 수학의 공평함이 떠오르지 않을까?

이렇게 공평함을 위해 수학이 큰 도움이 된다는 걸 깨닫게 된다면 어렵더라도 수학을 배워야겠다는 생각을 자연스럽게 하게 될 것이다. 하지만 우리 모두가 수학을 전공하는 것도 아닌데 어려운 수학 문제 풀이법을 다 알아야 할 필요가 있을까? 나는 아니라고 본다. 일반적인 사람은 수학을 통해 사기당하지 않을 정도인 산수만 할 수 있으면 충분하다. 그런데 여기서 피라미드에 호기심이 생겨서 수학에 끌린다면, 건축을 배우기 위해 자연스럽게 수학을 배우면 되지 않을까? 그러면 그 사람한테는 수학이 쓸데없는 과목, 어디에 써먹어야 할지 모르는 존재가 아니라 하는 일의 성장을 위해 자신이 필요로 하는 수학 공식들을 찾아내서 그걸 활용하면서 아름다운 수학의 매력에 빠질 수 있게 될 것이다. 수학은 아름답다고 말하지만 그 아름다운 수학을 배우다가 내 삶이 아름답지 않게 된다면 안 배우는 게 더 좋지 않을까?

Chaper 04

여전히 가난한 아빠

청소년 시절 나에게 큰 충격을 줬던 책이 있다. 그 책은 바로 로버트 기요사키가 쓴 『부자 아빠 가난한 아빠』다. 이 책을 읽어 봤는지 모르겠지만 이 책을 청소년 시절에 읽었다면 우리 아빠가 가난하게 사는 이유를 알 수 있게 될 것이고 청년이 되어 이 책을 읽게 된다면 아빠가 아닌 자신이 왜 가난하게 살고 있는지 이유를 알 수 있게 될 것이다.

『부자 아빠 가난한 아빠』는 우리나라가 월드컵 열기로 뜨거웠던 2002년에 발행된 책이다. YES24에 나와 있는 『부자 아빠 가난한 아빠』 책 소개를 보면 '자본주의 시대 속에서 돈을 제대로 아는 것은 더 이상 악의 근원으로서의 돈을 아는 것이 아니다. 오히려 돈의 부족이 초래하는 것들이 악함의 근원이 되었다. 이 책은 건전한 투자로 돈을 버는 방법과 새로운 금융 지식, 투자 원칙을 알려 준다. 시장의 법칙을 연구해 금융 지식을 높이자는 것. 잘못된 재테크 습관을 지적하고 잘 아는 것이 약이 되는 돈에 대해 설명한다.'(YES24 부자 아빠 가난한 아빠 책 소개)

책에서는 작가의 어린 시절, 친구 아빠인 부자 아빠와 작가의 아빠인 가난한 아빠를 비교하며 이야기를 전개하고 있다. 가난한 작가의 아빠는 "공부 열심히 해서 좋은 직장을 구해야 해. 우리 집이 내게는 가장 큰 투자인 동시에 가장 큰 자산이다."라고 말하며, 부자 아빠는 "공부 열심히 해서 좋은 투자 대상을 찾아야 한다. 무엇보다 위험을 관리하는 법을 배워라. 우리 집은 부채이며 그것이 가장 큰 투자가 되면 곤경에 처하게 된다."라고 말한다.

이미 20년 전에 로버트 기요사키는 우리가 가난한 이유를 제시했으며 우리가 절대적으로 믿고 있는 성공의 유일한 길인 대학과 취업의 틀을 깨지 않으면 여전히 가난의 대물림 속에서 살아갈 수밖에 없다고 알려 주고 있었다. 부자 아빠가 말하는 위험을 관리하는 법을 우리는 배운 적이 있는가? 초등학교 6년, 중학교 3년, 고등학교 3년 그리고 마지막으로 대학교 4년 총 16년 동안 학교라는 곳을 다녔지만, 그 어떤 곳에서도 위험을 관리하는 법을 가르쳐 주는 곳은 없었다. 오로지 성적을 내서 좋은 대학, 좋은 곳에 취업시키기 위해 이미 답을 알고 있는 문제를 누가 더 잘 푸는지 경쟁하기 위한 배움밖에 존재하지 않는다.

부자 아빠가 말하는 위험을 다른 말로 하면 문제 해결 능력으로 답안지에 적혀 있는 답이 있는 문제가 아닌 내가 배운 지식을 토대로 세상의 문제를 어떻게 풀 수 있을지 연습이 필요하다. 더 이상 수학 문제 하나 더 푸는데 너무 큰 에너지를 낭비하지 않았으면 한다. 내가 풀고자 하는 문제를 풀기 위해 어떤 수학이 필요한지를 스스로 찾아서 공부하는 것, 그래서 수학이 현실에 어떻게 필요한지를 몸소 느껴야 한다. 이것이 배움의 시작이고 배움의 필요다.

우리가 배운 수학을 토대로 대학의 미래를 같이 계산해 봤으면 한다. 2020년 전체 대학 입학 정원은 49만 7,218명이었다. 그런데 실제로 입학 인원은 47만 9,376명으로 처음으로 입학 정원과 입학 인원이 역전이 되었다. 초등학생도 할 수 있는 산수로 계산해 볼까? 49만 7,218명 - 47만 9,376명을 해보면 -17,842명으로 대학이 정원을 채울 수 없다는 것이다. 2030년은 어떨까? 2030년에는 입학 인원이 39만 9,478명으로 예상한다. 이것도 산수를 해보면 49만 7,218명 - 39만 9,478명 = 97,740명으로 정원을 채우기 위해 약 10만 명이 부족하다.

뭐 그래도 막연하게 대학을 보내겠다는 부모들이 여전히 존재할 것이다. 그럼 한 번 더 산수를 해볼까? 실업자 수가 IMF 이후 16년 만에 최대치를 기록했다고 한다. 통계청이 15일 발표한 고용 동향에 따르면 2월 기준 실업자 수가 135만 명으로 지난달보다 약 33만

1,000명이 증가했다고 한다. 월 단위 기준 IMF 직후인 1999년 7월 136만 6,000명으로 이후 최대다. 청년 실업률은 12.3%였다. 이 자료는 2017년 3월 15일에 통계청이 발표했던 자료다. 이런 결과가 나오게 된 이유는 뭘까? 코로나를 겪으면서 재택근무 및 인원 감축해도 회사를 운영하는 데 전혀 지장이 없다는 것을 경험한 것도 한몫했을 것이다. 이에 따라 실업률은 증가했을까 감소했을까? 공무원, 노인 일자리가 창출되어서 어느 정도 실업률이 해소된 것처럼 보이지만 바보가 아닌 이상 실업률은 더 증가했다는 걸 누구나 알 수 있을 것이다.

취준생들은 여전히 취업을 못 하고 있는데 대학을 졸업하는 졸업생들이 생기면서 취업의 문은 점점 좁아지고 있다. 그 좁은 문으로 여러분의 자녀를 계속 집어넣고 싶은가? 예수가 좁은 문으로 가라고 이야기한 적은 있다. 하지만 예수가 말했던 그 좁은 문은 이 좁은 문이 아니었을 것이다. 20년 전 이미 틀렸다고 말했지만 현재까지 이어지고 있는 공부 방법. 그 취업 방법만으로 살아갈 것인가? 그건 좁은 문이 아니라 막힌 문이 아닐까?

Chapter 05

𝄁_____ 자본주의 나라가 맞는가?

나는 가끔 그런 생각이 들 때가 있다. '우리나라가 자본주의 나라가 맞을까? 알고 보면 공산주의 국가는 아닐까?' 왜 이런 생각을 하게 되었을까? 이유는 간단하다. 학교라는 곳을 16년 동안 다니면서 단 한 번도 자본에 대해서 배워 본 적이 없기 때문이다. 특히 청소년 시절 돈에 관심을 가지는 학생이 있으면 어른들은 그 청소년을 속물 취급한다. 어린 것이 벌써 돈을 밝힌다면서 공부나 열심히 하라고 하는데 그 공부가 결국 대학을 위한 공부, 취업을 위한 공부가 아닌가?

왜 우리 사회는 좋은 대학에 들어가 취업하는 것만 성공하는 길이라고 가르치는 것일까? 아이들에게 한 가지 길만 강요하는 우리나라의 교육법을 보고 있으면 '정말 공산국가가 아닌 것인가?' 하는 의심이 든다.

중학교 국어 선생님이 수업 시간에 과학을 가르치면 어떻게 될까? 그 선생님을 미쳤다고 할 것이다. 만약 과학 시간에 역사를 가르치면? 수학 시간에 영어를 가르치면? 그 선생님을 정상이라고 볼 수 없을 것이다. 그런데 우리나라는 자본주의 국가라고 말을 하면서 왜 수업 시간에 자본을 가르치지 않는 것에 대해 의문을 가지는 사람이 없을까? 그렇다면 나라 전체가 비정상이라고 봐야 하지 않을까?

『부자 아빠 가난한 아빠』라는 책 내용을 조금 보자.

(기요사키) 돈에 관해서 언제 배우나요?

(선생님) 금전욕은 모든 악의 근원이다. 우리는 돈에 관해 가르치지 않아!

(기요사키) 왜요?

(선생님) 앉아.

……

(기요사키) 왜 학교에서 돈에 대해 배우지 않는 거죠?

(아버지) 정부는 우리가 그 주제에 관해 못 가르치도록 하니까.

(기요사키) 우리가 돈에 대해 배우려고 학교에 가는 거 아닌가요?

(아버지) 아니다. 네가 해야 할 일은 직업을 얻는 거다.

(기요사키) 하지만 돈을 벌기 위해 취직하는데요?

(아버지) 아니다! 너는 직업을 가져야 해.

(기요사키) 일의 목적이 돈을 벌기 위한 거 아닌가요?

(아버지) 맞다.

(기요사키) 그냥 돈에 대해 배우는 게 어때요?

(아버지) 너의 가장 친한 친구 아버지한테 돈에 관해 물어보는 게 어때?

가난한 아빠가 마지막에 저런 이야기를 던진 이유가 뭘까?

안타깝지만 가난한 아빠도 돈에 관해 배운 적이 없기에 돈을 벌기 위해 일하지만 정작 돈에 대해 알지 못하기 때문이다.

부자 아빠는 말한다.

"내가 너에게 돈을 주는 순간 너는 직원처럼 생각하게 된다. 그게 바로 함정이다. 네가 월급을 받는 순간 너의 뇌는 멈춰 버린다. 네가 배고픈 상태에 있는 한 너는 생각을 하게 될 것이다."

학교 시스템은 돈에 대해 절대 가르치지 않으며 오로지 직원이 되는 걸 가르치도록 디자인되어 있다. 질문을 통해 사고방식을 열어 주고 그것의 답을 얻기 위해 스스로 공부할 수 있는 환경을 만들어 줘야 하는데 학교 시스템은 시험 범위 외에는 질문을 하지 못하게 닫아 버려 학생들의 사고방식을 닫아 주고 오로지 답이 정해진 시험 문제만 풀게 만든다. 그러면서 "부자는 탐욕스러워", "부자는 나쁜 사람들이야!"라고 생각하게 만든다. 이렇게 반대급부 없이 착한 학생이 되어 열심히 공부한 사람은 성인이 되었을 때 부자를 보며 자연스럽게 이유도 없이 증오심을 가지게 되는 것이다. 그러면서 부자가 만든 회사에 취직하기 위해 노력하는 모습을 보면 참 아이러니하다는 생각이 든다.

지금까지 열심히 받아 온 교육 시스템을 되돌아보길 바란다. '공부 열심히 해야 한다.' '공부 잘해야 훌륭한 사람이 될 수 있어!', '좋은 대학을 나와서 대기업에 취직하는 게 성공한 삶이야!', '평범하게 사는 게 최고야!' 그래서 부모가 된 당신은 훌륭한 사람이 되었는가? 정말 성공한 삶이 되어 행복한 삶을 누리고 있는가? 당신의 자녀는 당신처럼 실패자가 되지 않길 바라며, 공부 열심히 해서 좋은 대학, 좋은 기업에 취업하기를 꿈꾸지 않는가? 그런 기업을 만들 수 있는 자녀한테 너무 작은 꿈만 심어 주고 있다고 생각한다.

다행스럽게도 우리는 공산주의 국가가 아니라 자본주의 국가에 살고 있다. 그렇다면 이제라도 자본에 대해서 알아야 한다. 자본주의의 꽃은 돈이다! 취업으로 집을 사고 차를 사고 내 삶을 살 수 있을까? 꽃피울 수 있는 돈에 대해 가르쳐 주지 않으니 청소년들이 꽃을 피우지 못하고 여전히 씨앗이 되어서 돈을 잘 아는 사람들의 먹이가 되는 것이다! 내 자식이 누군가의 먹이가 되는 걸 원치 않는다면 기존 공부에 대한 틀을 부모가 먼저 깰 수 있어야 한다. 더 이상 '돈' 공부를 외면하는 '돈' 나라가 되질 않길 바란다.

Chaper 06

청소년, 돈 공부를 위한 파이프라인 우화 이야기

자본주의를 가르치는 게 어려운 걸까? 생각보다 어렵지 않다. 의도적으로 학교에서 자본주의에 대해서 가르쳐 주지 않는다면 어쩔 수 없이 스스로 찾아서라도 돈 공부를 하길 바란다. 그런데 그 책이 찾기 어렵다고? 그럼 버크 헤지스가 집필한 『파이프라인 우화』를 읽어 보길 바란다. 『파이프라인 우화』 책 한 권만 읽으면 자본주의 시스템에 대해 어느 정도 이해할 수 있을 것이다.

"파이프라인 하나는 월급봉투 천 개와 맞먹습니다. 제가 아직 10대일 때, '파이프라인은 삶의 생명선'임을 일깨워 주신 제 아버지께 진심으로 감사드립니다."

버크 헤지스처럼 우리도 10대일 때 파이프라인 공부가 필요하다. 『파이프라인 우화』는 167페이지로 된 짧은 분량의 책으로 페이지 당 글자 수도 얼마 되지 않아서 마음만 먹으면 1시간 안에 다 읽을 수 있는 책이다. 청소년 시절 1시간만 투자해서 자본주의의 시스템을 이해할 수 있는데 안타까운 건 이 책을 읽어 보라고 말해 주는 어른이 없다는 것이다. 버크 헤지스는 말한다. "늘 열심히 일하는데도 불구하고 왜 항상 시간적, 경제적으로 허덕이고 쪼들리는지 생각해 본 적 있습니까? 결론을 말하자면 그것은 출발부터 잘못된 길로 들어섰기 때문입니다. 아무리 노력해도 원하는 성과를 거둘 수 없는 시스템을 선택했다는 얘기입니다. 여기에다 돈을 벌고 재산을 모으는 것에 대해 기본적인 인식이 부족합니다. 믿기 어려울지 모르지만 분명한 사실을 하나 알려드리겠습니다. 이것은 여러분이 꼭 받아들여야 하는 절대적인 진리입니다. 아주 간단하고 분명한 그 진리는 '100년 전과 달리 오늘날 백만장자가 되는 것은 선택의 문제'라는 점입니다. 백만장자는 우연히 탄생하는 것이 아닙니다. 이것은 실제로 검증을 마친 진리입니다. 그러므로 현대인은 누구나 백만장자가 될 가능성이 있습니다. 말도 안 된다고요? 고정 관념을 버리면 새로운 것이 눈에 들어옵니다. 그것은 아주 간단한 일입니다. 만약 여러분이 백만장자가 되고 싶다면 다음의 3단계를 실천하면 됩니다."

1단계 : 돈을 벌고 재산을 모으는 방법을 이해한다.
2단계 : 성공 가능성이 검증된 돈을 버는 방법을 그대로 모방한다.
3단계 : 인내심을 갖고 끈기 있게 도전한다.

잘못된 시스템을 선택하면 어떤 노력도 무용지물이다. 백만장자 시스템을 알아야지만 백만장자가 될 수 있다. 100년 전에는 이 시스템은 소수의 특권층만 사용할 수 있었다. 100년 전에는 이 시스템을 알고 있어도 이를 실천하는 데 필요한 돈이나 인맥을 갖춘 사람이 많지 않았지만, 이제는 어느 정도의 돈을 모으는 게 불가능한 일이 아니게 되었다.

재미있는 파이프라인 이야기를 살짝만 더 살펴보면 1801년 이탈리아 중부의 어느 작은 마음에 파블로와 브루노라는 두 젊은이가 살고 있었다. 꿈이 많던 두 젊은이는 굉장히 친했는데 이들은 만날 때마다 "언젠가 마을에서 제일가는 부자가 되고 말겠다"라는 이야기하면서 미래의 꿈을 키워갔다. 그러던 어느 날 그들에게 정말로 기회가 찾아왔다. 마을 사람들이 강에서 물을 길어다 광장에 있는 물탱크를 채울 사람을 구했다. 파블로와 브루노는 그 일에 지원했고 결국 그 일을 맡게 되었다. 브루노는 "와, 이런 행운이 찾아오다니 믿을 수가 없군. 이건 내가 꿈꿔 오던 일이야"라고 생각했지만 파블로는 꿈꿔 온 일은 이것이 아니라고 생각했다. 온종일 물통을 지고 나르느라 손에는 물집이 잡히고 온몸이 쑤셨기 때문이다. 더구나 내일 아침부터 또다시 힘겹게 물통을 져야 한다는 생각하니 그 일이 끔찍하게 느껴졌다.

파블로는 생각했다. '물을 좀 더 쉽게 마을로 끌어올 방법을 찾아야겠어.' 그다음 날 좋은 아이디어가 떠오른 파블로가 브루노에게 말했다. 온종일 힘들게 물통을 나른 뒤에 몇 페니를 받느니 차라리 강에서부터 마을까지 파이프라인을 설치하자. 그 말을 들은 브루노는 "그만둬. 물통을 나르는 일은 정말 좋은 일거리야. 나는 하루에 100통은 나를 수 있다고. 그러면 하루에 1달러를 버는 거잖아. 나는 부자가 될 수 있어. 일주일이면 멋진 신발을 사고 한 달이면 튼튼한 당나귀를 한 마리 살 수 있어. 여섯 달이면 아담한 집도 장만할 수 있다고. 이건 우리 마을에서 가장 좋은 일자리야. 더구나 주말에는 쉬고 일 년에 2주일이나 유급 휴가를 갈 수도 있잖아. 이보다 더 좋은 일자리가 어디 있어. 파이프라인 얘기는 두 번 다시 꺼내지 마."

파이프라인을 설치하는데 하루에 몇 시간만 물통으로 물을 나르고 나머지 시간과 주말에는 파이프라인을 설치하겠다는 것이었다. 물론 파블로도 강에서부터 마을로 이어지는 바위투성이 땅을 파고 파이프라인을 설치하는 일이 어려울 거라는 것쯤을 예상하였다. 물통을 나른 숫자만큼만 품삯을 받으므로 일을 덜 하기에 수입이 줄어들 것이라는 사실도 알고 있었다. 더구나 파이프라인을 설치해 큰 수입을 얻기까지 1~2년, 아니면 더 많은 시간이 걸릴지도 모른다. 그러나 파블로는 자기 자신을 믿었고 누가 뭐라도 하든지 꿈을 향해 파이프라인을 설치하기 시작했다.

2~3년 뒤에 어떻게 되었을까? 브루노는 힘겹게 물통을 오랫동안 나르다 보니 어깨는 축 처졌고 등은 굽었으며 걸음걸이는 갈수록 느려졌다. 더구나 브루노는 평생 힘겨운 물통을 날라야 하는 자

신의 처지를 한탄하며 분노와 불만을 터트렸다. 브루노는 나이가 들어 이전만큼 물통을 나를 수 없었기에 수입도 점점 줄었다.

그럼 파블로는? 파이프라인을 완성한 파블로는 더 이상 물통을 나를 필요가 없었다. 그가 힘들게 물통을 나르지 않아도 깨끗한 물이 계속 물탱크 속으로 흘러 들어갔기 때문이다. 그가 밥을 먹거나 잠을 자는 동안에도, 즐겁게 노는 시간에도 물은 계속해서 흘렀다. 더구나 흘러 들어가는 물이 늘어날수록 파블로는 점점 더 많은 돈을 벌었다.

자본주의의 꽃은 돈이라고 말했었다. 그렇다고 미친 듯이 돈만 좇으며 살아가라는 말이 아니다. 돈 그 자체가 아니라 자본주의 구조를 파악하고 돈이 흘러들어 올 수 있도록 시스템을 만드는 법을 배워야 한다. 노동자가 되던, 사무직이 되던 결국 시스템의 일부가 될 뿐이다. 그 일부는 언제든지 교체될 수 있으며 더 좋은 일부가 생기면 그 자리를 비켜줘야 한다. 그러므로 만들어진 시스템이 아닌 자신만의 시스템을 만들 수 있어야 된다.

여전히 물통을 나르는 게 당연하다고 생각하는가? 피땀 흘려서 돈을 벌어야 한다고 생각하는가? 생각이 바뀌어 자본에 대해 배워야 한다고 생각이 바뀌었다면 버크 헤지스가 쓴 『파이프라인 우화』를 마저 읽어 보길 바란다.

Chaper 07

공부 잘한다는 기준

세상에는 공부 못하는 사람들이 99% 이상이 된다. 아마 여러분들도 공부 못하는 99%에 속하는 사람일 확률이 높을 것이다. 그런데 세상에는 공부 잘하는 사람은 적고 공부 못하는 사람들이 왜 이렇게 많을까? 그건 공부에 대한 기준이 하나밖에 없기 때문이다. 우리가 공부를 잘한다고 평가 내릴 때 우리의 기준은 학교 '성적' 하나밖에 없다. 이 기준으로 인해 99%는 공부 못하는 사람, 똑똑하지 못한 사람이 되는 것이다. 그런데 이 하나의 기준이 정확할까? 정말 이 기준으로 공부 잘하고 못함을 구별할 수 있을까? 먼저 이것부터 제대로 생각을 해봐야 한다. 기준이 어떤지 파악도 하지 않은 채 청소년 모두를 1%로 만들기 위해 오로지 성적만을 위해 공부시키고 있다. 기준이 하나밖에 없기에 안타까운 것은 올해 천재가 아무리 많이 태어나도 결국 1% 범위는 더 넓어지지 않는다는 것이다. 아무리 돈을 투입하고 아무리 노력해도 결국 1%라는 커트라인에 들어가지 못하면 공부를 잘하는 사람이 될 수 없다.

공부 = 좋은 성적 = 좋은 대학을 나와야 공부를 잘하는 세상.

99%를 공부 못하는 학생으로 세상에 배출하는 시스템을 바꾸지 않으면 세상에는 공부 못하는 사람들이 더욱 넘쳐나게 될 것이다. 경기가 어렵다면서 왜 시스템을 바꾸지 않는 것일까? 아직 사용할 만한 스마트폰은 2년마다 바꾸면서 말이다! 계속 이런 식이라면 한국의 미래가 더 어두워질 수밖에 없다. 그런데 정말 시험 문제를 잘 푸는 학생이 공부 잘하는 학생일까? 99%는 정말 공부를 못하는 것일까? 단지 암기력이 좋아서 교과서를 달달 외워서 시험을 잘 칠 수도 있다. 말도 안 되는 소리일 수도 있지만 로또에 당첨되는 것처럼 모르는 문제를 다 찍었는데 성적을 100점을 받을 수도 있다. 그러면 이 학생은 공부를 잘하는 학생일까?

자랑할 이야기는 아니지만, 학창 시절 난 학교 공부를 열심히 하지 않았다. 그렇기에 좋은 대학에 갈 수 있는 성적이 안 됐다. 그런데 수능을 치기 전 이런 생각이 들었다. '혹시 내가 다 찍어서 100점 받아서 좋은 대학 갈 수 있지 않을까?' 난 진심이었다! 생각만 한 게 아니라 실제로 수능이 대박 날 것만 같았다. 학교 공부를 하나도 하지 않았으면서 좋은 대학에 가는 데 필요했던 제2외국어 시험까지 응시했었다. 시험지를 받고 나서 생각이 확 바뀌었다. '젠장.'

당연하게도 시험을 망쳤다. 1교시 국어는 제시간에 문제를 다 풀지 못해 12문제 정도를 찍을 수밖에 없었고 수학은 1번 문제를 제외하고 내가 쉽게 풀 수 있는 문제가 없었다. 그리고 3교시 영어 시험! 1번 듣기 문제를 풀기 위해 열심히 귀를 기울였지만, 한마디도 들리지 않았다. 그래서 같이 시험을 치는 수험생들이 1번 문제 답이 보기 중 3번이면 보기 3번을 들고 나서 답을 체크해 주길 기대하며 주위를 둘러보았지만 다들 교육을(?) 잘 받아서 그런지 문제를 다 듣고 답을 체크해서 그 누구의 도움(?)도 받을 수 없었다. 그래서 2번 문제까지만 듣고 처음부터 끝까지 다 찍고 잠을 청했다.

한 번 빠진 잠에서 빠져나오는 게 쉽지 않았다. 그 결과, 덜 깬 상태로 사회 영역을 겨우 쳤다. 제2외국어 시험이 있기 전 쉬는 시간에 교무실로 찾아갔다. 찍어서라도 100점을 받길 원했지만 스스로 이미 틀렸다는 걸 깨달았기에 제2외국어 포기 각서를 쓰고 학교를 나올 수밖에 없었다.

황당한 건 내가 찍었던 문제들이 대부분 잘 맞았다는 것이다. 황당하게도 기대 이상의 성적을 받았기에 어느 대학교는 장학금을 받고 갈 수도 있을 정도였다. 내가 장학금을 받고 그 학교에 가는 게 정말 정상적인 일일까? 내가 공부 잘하는 학생이라고 말할 수 있을까?

다시 물어보고 싶다. "성적만 잘 받으면 공부 잘하는 것일까?" 수능을 다 찍은 내가 우수 장학금을 받을 뻔했는데 말이다. 절대 아니다. 공부를 잘하는 학생이 아닌데도 학부모들은 자녀가 100점만 받아 오면 자녀들을 칭찬하며 잘했다고 이야기해 준다. 우리 아이 머릿속에 무엇이 새롭게 들어왔는지 진심으로 전혀 관심도 없는 채 말이다. 기준이 잘못되어도 정말 잘못되었다고 생각한다.

공부의 사전적 의미는 '학문이나 기술을 배우고 익힘'이라는 뜻이다. 공부를 잘한다는 것은 성적으로 기준을 내릴 수 있는 게 아니라 각자 궁금해하는 학문이나 기술을 배우고 익혀서 실생활에 얼마나 활용을 잘하는지가 공부의 잘함과 못함의 기준이 되어야 한다. 우리는 축구 이론을 잘 아는 사람한테 축구를 잘한다고 이야기하지 않는다. 축구를 잘 안다고 하지. 축구를 해본 사람은 알겠지만, 축구를 잘 아는 것과 잘하는 것은 천지 차이다. 그렇다면 시험을 잘 친 학생들에게는 공부를 잘한다고 이야기해야 할까? 아니면 시험에 나온 문제들의 답을 잘 안다고 해야 할까?

21세기는 더 이상 공부를 잘한다는 기준이 학교 성적이 되어서는 안 된다. 60제곱미터 교실 안에서 과연 몇 명이나 제대로 된 꿈을 이룰 수 있을까? 성적에 맞춰서 대학을 가고 그걸 통해서 이루는 꿈 말고 진짜로 자신이 하고 싶은 일로 꿈을 이루는 사람 말이다. 1%도 대학교 이름과 성적으로 정한 학과를 통해 선택한 일이 아닌 자신이 원했던 꿈을 이뤘는지 모르겠지만 일단 그들은 꿈을 이뤘다고 생각하는 것 같다. 그래서 여전히 자녀가 1%가 될 수 있길 바란다.

그런데 솔직해질 필요가 있다. 학원 선생, 과외 선생이 없다면 당신의 자녀는 99%다. 공부 잘하는 기준이 변하지 않고 여전히 1%밖에 되지 않는다면 당신의 자녀는 99%가 될 수밖에 없다. 그 기준으로만 자녀를 보니 속이 뒤집히고 사랑스럽게 보이지 않을 것이다. 분명히 태어났을 때는 아프지 않고 건강하게만 컸으면 좋겠다고 생각했으면서 말이다.

시험 성적을 기준으로 공부 잘함을 평가한다면 나는 국어를 못하는 사람이다. 그 기준으로 봤을 때는 나는 절대 글을 쓸 수 없는 사람이다. 사람들이 대부분 이런 기준으로 "난 공부를 못했어!", "난 좋은 대학을 나오지 못했어." "내가 무슨……." 이런 생각을 통해 공부 못하는 사람은 꿈도 꿀 수 없다는 생각으로 도전조차 하지 않는다.

수학능력평가 국어 문제를 12문제나 풀지 못했지만, 세상이 말하는 공부라는 틀을 깬 결과 8권의 책을 쓴 작가가 될 수 있었고 누군가에게 글쓰기를 알려주는 사람이 될 수 있었다. 심지어 지금은 초등학교 선생님, 중소기업 사장, 강연하시는 분, 유치원 선생님, 의사 선생님, 브랜딩 대표들의 글쓰기를 도와주고 있다.

사람들은 나에게 글을 잘 쓴다고 말한다. 심지어 누군가는 글쓰기 천재 아니냐며, 핵심을 파악하는 능력이 정말 탁월하다고 말한다. 성적이 아니라 내 글을 보고 말이다. 이처럼 우리의 자녀들도 성적이 아닌 그들이 어떤 공부를 하고 있는지, '어떤 공부'를 하고 싶어 하는지 먼저 보는 게 중요하지 않을까? 60제곱미터 교실 속에 성적만을 통해 그들을 평가하고 그들의 꿈을 정하게 하는 건 너무 가혹하지 않을까? SBS 연기대상에서 여자 신인연기상을 받은 99년생 이은샘 배우가 한 말을 기억하자.

"제가 데뷔한 지 16년이 됐거든요. 제가 이 자리에 올라오면 그냥 저처럼 계속 막 꿈을 좇아가는 사람들에게 꼭 위로 같은 말을 해주고 싶어서 그냥 16년 동안 생각만 했던 건데 저한테 포기하지 않고 그냥 계속할 수 있게 해준 말이 있는데 그냥 정말 무식하고 안 멋진 단어인데 '그냥 해'라는 말이에요. 제가 너무 막 '내가 이 길을 가는 게 맞나? 포기해야 하나?'라는 생각이 들 때, '왜?'라고 생각하지 말고 그냥 하자. 내가 좋으니까 그냥 하자! 이 마음으로 계속 버텼거든요. 그래서 지금 계속 꿈을 좇아가시는 분들이 있다면 지금 제가 이 수상 소감을 이야기하고 있는 1분 1초도 우리의 과거잖아요. 그래서 모두 과거에 연연하지 말고 미래를 무서워하지 말고 지금, 현재에 그냥 하고 싶으면 무서워하지 말고 그냥 하셨으면 좋겠습니다.

"좋은 대학 나와야 성공할 수 있어!", "좋은 대학 나와야지만 꿈을 이룰 수 있어!"라는 말은 그만하자! 학교 성적이 안 좋다는 이유만으로 자신이 하고 싶은 일을 시도조차 하지 못하고 포기하게 만들지 말자! 처음 대학이 생겼을 때 좋은 대학 나온 1%로 인해 세상이 바뀐 것이라고 생각을 했을 것이다.

1%가 세상을 바꿨는가?

Chaper 08

공부란 무엇일까?

조금이라도 더 좋은 대학에 가기 위해 성적에 맞춰 과를 정하는 게 정말 맞을까? 사람마다 잘할 수 있는 공부가 다르다. 사람마다 공부하는 스타일이 다르다. 사람마다 해야 하는 공부가 다르다. 그런데 우리는 성적에 맞춰 자신이 4년 동안 공부해야 할 과를 선택하고 있다. 공부에 대한 틀림이 아닌 다름을 먼저 받아들이고 공부에 대해 생각해 봤으면 한다. 공부에 대해 시멘트보다 더 단단한 틀을 깨지 않고 공부를 바라본다면 공부로 성공할 수 있는 사람은 여전히 1%밖에 되지 않는다.

내가 좋아하는 일이 아닌 성적에 맞춰 대학과 학과를 선택하고 스펙에 맞추어 취업하고 있다. 이런 시스템 속에서 살아남기 위해서는 항상 남들보다 스펙이 앞서야 한다. 하고 싶은 일에 대한 실력이나 관심은 전혀 중요하지 않은 채 말이다. 이런 시스템의 단점이 뭔지 아는가? 나보다 더 좋은 스펙을 가진 사람이 나타나면 그 자리에서 물러날 수밖에 없다는 것이다. 이런 삶이 기계와 다를 게 뭘까? 이 문제에 대해 의문을 가져야 한다. 이 문제에 대해 다른 길은 없는지 20대가 되기 전에 생각해 봐야 한다.

그나마 다행스러운 것은 자연스럽게 학교는 점점 사라질 것이다. 인구 절벽이 점점 현실이 되어가고 있기 때문이다. 그런데 지금 준비되어 있지 않으면 그때가 왔을 때 대한민국 전체가 멘붕에 빠질 수밖에 없다. 모두가 가기 때문에 가는 대학, 그래도 이 정도는 해야 한다는 생각을 버려야 된다. 지금 내가 말하는 것은 10년 뒤에 일어날 일이 아니다. 현재 입학하는 초등 1학년 학생들이 자연스럽게 줄어들고 있다. 제발 좋은 학원, 좋은 학교만 찾지 말고 뉴스를 보고 미래를 말해 주는 책 또는 영상을 찾아보길 바란다. 다시 말하지만, 가만히 있어도 현재 시스템은 망하게 될 수밖에 없다. 망하기 전까지 계속 이 시스템을 유지할 것인가? 너무 미련한 짓 아닌가?

나는 지금이 오히려 기회라고 생각한다. 인구 절벽이 100% 이루어지지 않고 여전히 학생들이 남아 있는 지금이야말로 전체 시스템을 바꿀 수 있는 좋은 기회다. 그럼 우리는 어떤 공부를 해야 할까? 기존의 학교 시스템은 선진국을 추격하기 위한 공부였다면 이제는 21세기를 주도할 수 있는 공부가 필요하다. 지금의 시대는 이전 100년 동안의 변화보다 앞으로 1년의 변화가 더 빠른 시대다. 누구도

이 시대의 해법을 알지 못한다면 그 해법을 먼저 풀 수 있는 사람이 필요하지 않을까? 앞으로의 시대는 스스로 질문하고 스스로 길을 찾아야 한다.

사실 21세기가 아니라 20세기, 19세기에도 세상을 움직이게 하는 힘은 위대한 질문에 있었다. 우리는 선진국 반열에 올랐을까? 절대 아니다. 경제만 성장했다고 선진국이 되는 게 아니다. 선진국이라면 다른 나라가 따라올 수밖에 없는 질문, 새로운 규칙을 제시하고 다른 나라가 그 속에서 게임을 할 수밖에 없게 만들 수 있어야 한다. 쉽게 말해 최초의 질문을 던질 수 있어야 한다. 우리가 지금까지 잘 해왔던 것은 최초의 질문이 아니었다. 선진국이 새로운 모델을 제시하면 그 모델을 토대로 더 좋은 품질의 제품으로 만드는 걸 잘 했었다. 이 정도의 기술도 대단한 일이지만 결국 우리가 최초가 아니기에 주요 부품, 주요 시스템에 대한 비용을 최초의 질문을 던졌던 나라에 지불할 수밖에 없다. 그런데 이제 더 잘 만들기 생존 방법으로도 생존하는 게 어려워졌다. 그 이유는 이제 우리보다 중국이 더 잘하기 때문이다.

이제는 추격이 아니라 스스로 질문을 던질 수 있어야 한다. 우리 사회의 질문의 현실을 단적으로 보여주는 일이 있었다. 2010년 11월 12일 G20 서울정상회의 폐막식 오바마 대통령 기자 회견장에서 당시 미국 대통령이었던 버락 오바마는 개최국 역할을 훌륭하게 한 한국을 위해 한국 기자들에게 특별히 질문을 할 수 있는 기회를 줬다. 그 순간 기자 회견장은 적막이 흘렀고 당황한 오바마는 "질문할 사람 없나요?"라고 다시 물었지만, 한국 기자들은 침묵을 유지했다. 한국에서 기자를 할 정도면 나름 엘리트 집단인데 말이다. 바로 이때 중국 기자가 아시아를 대표해 질문하겠다고 했지만 버럭 오바마는 공평하게 한국 기자에게 질문을 요청했다고 다시 한번 한국 기자에게 질문할 수 있는 기회를 줬다. 그러자 중국 기자는 "한국 기자들에게 제가 대신 질문해도 되는지 물어보면 어떨까요?"라며 오바마에게 제안했고 오바마는 한국 기자에게 질문을 해보자고 했는데 또다시 침묵만 흐를 뿐이었다. 결국 질문권은 중국 기자에게 넘어갔다. 이대로라면 추격자의 역할뿐만 아니라 모든 것을 중국에 뺏길 수도 있겠다는 생각이 들었다.

우리는 왜 이렇게 질문하는 걸 어려워할까? 이유는 간단하다. 학교라는 곳에 있는 동안 정해진 시험 범위 안에서 시험 문제에 나올 법한 문제 중 모르는 문제만 질문할 수 있었을 뿐, 정작 자신이 궁금해하는 것에 대해 질문할 기회, 질문하는 방법, 질문하는 분위기를 경험해 보지 못했기 때문이다. 스스로 질문을 던질 수 있는 시스템을 만들기 원한다면 주입식 교육은 더 이상 답이 아니다. 도전하지 않으면 살아남기 어려운 시대가 되었다. 지금 우리는 거대한 전환점에 서 있다. 지금 바뀌지 않으면 일본처럼 해가 뜨는 나라가 아니라 해가 지는 나라가 될 수밖에 없다.

그럼 우리는 어떤 질문으로부터 시작해야 할까? "이건 이렇게 하면 어떨까?" 그 어떤 주제라도 상관없다. 새로운 뭔가를 시도해 보려는 질문, 호기심의 질문으로부터 시작하면 된다. "왜 그런 게 안 될까?"

Chaper 09

프레임 싸움의 승자

우리 교육은 20세기에 만들어진 시스템에 갇혀 있다. 그때 만들어진 교육 프레임에 갇혀서 나올 생각이 전혀 없어 보인다. 우리나라 청소년들은 수학 올림피아드, 과학 올림피아드에서 세계 상위권을 자랑한다. 그런데 대학생이 되는 순간 우리나라 대학생들의 순위는 상위권에서 볼 수가 없다. 청소년 시절에는 그렇게 똑똑했던 한국이 청년이 되자마자 힘을 쓰지 못하고 사라지는 이유가 뭘까? 청소년 시절까지는 어쩔 수 없이 정해진 답을 누가 더 잘 푸는지를 통해 똑똑함을 겨룰 수밖에 없었다. 그런데 청년이 되는 순간 이제는 누가 답을 잘 푸는지가 아니라 누가 새로운 질문을 던지고 그 문제에 대해 해결책을 제시할 수 있는지가 똑똑함의 척도로 바뀌게 되었기 때문이다.

지금 부모 세대가 청년이었을 때는 질문하지 않고 노력만으로 성공할 수 있었던 시대였다. 그런데 지금은 노력만으로 성공할 수 있는 시대가 아니다. 안타깝게도 시대의 흐름을 파악하지 못하고 예전 기억으로 부모들이 자신처럼 노력만 하면 성공할 수 있다며 자녀들을 교육하고 그 시스템만을 따르도록 조종하고 있다. 이제는 노력만으로 성공할 수 있는 시대는 끝났다. 새로운 질문을 통해 그 질문의 답을 찾아낼 수 있어야 한다. 그런데 그 질문을 해야 할 때 질문하지 못하는 상태가 되었기에 청년이 되는 순간 프레임 싸움에서 질 수밖에 없다. 우리나라 청년들이 청년이 되는 순간 지는 게 이상한 일이 아니다. 너무나도 당연한 절차다. 진짜 이상한 생각은 이길 수 없는 상태인지 모르고 이기려고 하는 것이다.

학교에서 학원에서 교과서에서 학습지에서 던지고 있는 문제를 풀기에만 바빴던 학생들. 문제 풀이에 열중한 사이 질문이 자연스럽게 사라졌다. 20세기 한국이 성장하는 원동력에는 정답을 빠르게 맞히는 게 중요했다. 질문하기보나는 근면·성실하게 묵묵히 공부하는 것만이 정답이었고 한 번 더 노력하는 것이 유일한 성공의 비결이었다. 그런데 이제는 아니라는 것이다. 질문하지 않고도 성공할 수 있었던 과거의 경험을 버려야 한다. 질문을 해야 할 때 스스로 질문을 던질 수 있어야 한다.

선진국이 던진 문제를 풀어내기 바빴던 추격의 시간에서 벗어나서 이제는 자신에게 먼저 질문을 던지고 그 문제를 우리가 먼저 풀어야 한다. 그리고 그 길을 다른 사람들도 공감하고 같이 생각할 수 있게 만들어야 한다. 그런데도 여전히 문제 풀이에만 열중할 것인가? 사라진 질문을 되찾아야 하지 않을까? 여전히 "쓸데없는 질문 하지 말고 공부나 해"라고 말하며 ctrl+c, ctrl+v 만 가르칠 것인가?

한국이 가난에서 벗어나기 위해 20세기 시절에는 질문이 불필요한 것이었을 수도 있다. 하지만 20세기에는 질문을 던지는 사람이 없었을까? 영화 <국제시장>을 보면 어떤 아저씨가 구두를 닦는 장면이 나온다. 아저씨는 구두 닦는 아이에게 "그래 너는 꿈이 뭐냐?"라는 질문을 던지자 아이는 "선장임다"라고 답한다. 그러자 아저씨는 "선장? 난 배 만드는 게 꿈인데 그것도 아주 커다란 배!" 그러자 아이는 "우리나라가 큰 배를 어케 만듭니까?" 그러자 아저씨는 "일단 돈을 많이 모아서 땅을 사. 그래가지고 배 필요한 나라가 있을 거 아니야? 가서 땅 사진 딱 보여주고 '자, 이 땅에서 니들이 필요한 배 우리가 만들어 줄 테니까 니들이 우리 배사라.' 그러는 거지." 그러자 아이는 어이가 없다는 듯 "그게 말이 됩니까?"라고 말한다. 이상한 아저씨는 그의 운전기사가 자신을 부르자 아이들에게 요금을 지불하고 자리를 떠나게 된다. 구두를 닦던 아이들은 "저거 미친 사람 아이가?", "기니까", "왜, 아예 자동차도 국산으로 만든 다카지……", "어째 세상이 어수선하니까 별난 사람들이 다 있네"라는 대화를 주고받는다. 저 미친 사람이 누구일까? 저 미친 사람은 아마 '정주영'회장일 것이다. 저 때나 지금이나 우리 사회는 널리 알려진 직업 중 자신이 아는 범위 내에서 가장 좋은 직업을 선택하는 게 최고의 삶이라고 가르치고 있다. 누구는 직업을 선택하는 것에 최선을 다하지만 누군가는 '스스로'에게 질문을 던지고 그에 대한 답을 찾기 위해 최선을 다한다. '현대'가 이처럼 발전할 수 있었던 것은 질문에 대한 답을 찾기 위한 노력이 있었기 때문이라고 생각한다.

지금도 시대가 매우 어수선하고 경제가 어렵지만, 정주영 회장이 큰 배를 만든다고 했던 1960년대는 더 어려운 시기였다. 정주영 회장의 이런 생각을 세상에 던졌을 때 당시 우리나라는 조선소를 지을만한 돈이 전혀 없었다. 조선소를 지으려면 해외에서 차관을 들여와야 했었는데 미국, 일본에 차관 도입을 설명하는 정주영은 '정신 이상한 사람'에 불과했다. 미국, 일본 두 나라 모두 "너희는 후진국이다. 너희 나라에서는 그런 배를 만들 능력이 없다"라고 이야기했다. 하지만 정주영 회장의 생각은 달랐다. 차관만 해결된다면 조선소를 지어 배를 만드는 일은 어려울 게 없다고 생각했다.

정해진 상황 속에서만 답을 찾으려는 사람은 정답이 보이지 않는 질문을 받게 되면 질문을 한 사람을 미친놈이라고 여긴다. 자신이 배운 현실에서는 그 답이 존재하지 않기 때문이다. 그런데 세상은 누가 바꿨을까? 바로 일반 사람들이 미친놈이라고 했던 사람들이 세상을 변화시켰다. 이제 우리나라가 큰 배를 만든다고 하면 미쳤다고 말하는 사람은 없을 것이다.

정주영 회장은 우리 시대에도 이런 질문을 던진다. "이봐, 해봤어? 시련은 있어도 실패는 없는 거야"

중학생 시절에 나는 "우리 부모들이 배웠던 걸 내가 또 왜 배워야 하지? 내 자식도 이걸 배워야 하나?"라는 생각했고 그 생각을 멈추지 않은 결과 『대학 가게? 그냥 사장 해!』, 『10대, 교과서 대신 1,000권의 책을 읽어라!』, 『공부 열심히 한다고 안심하지 마세요』, 『호기심 공부법』 등의 책을 집필하게 되었다. 그리고 드디어 2023년 「'위기의 지방대' 지원자 0명인 학과도……. 내년은 더 심각」, 「벚꽃 피는 순서로 문 닫을 판 "뭘 줘도, 뭘 해도 안 와요"」라는 뉴스를 접하게 되었고 교육에 대해 진지하게 생각하길 바라며 다시 책을 집필할 수밖에 없었다.

Chaper 10

𝄆: 그럼 어떻게 공부를 시작해야 할까?

"오늘은 2년 반 동안 제가 손꼽아 기다려 왔던 날입니다." 검은색 반 폴라 목티, 청바지, 뉴발란스 신발을 신은 한 남자는 이렇게 발표를 시작했다. 살다 보면 획기적이고 혁신적인 제품이 우리 모두의 삶을 바꿔 놓는다. 그리고 지금까지 그전에, 누구든 이런 혁신적인 제품을 하나라도 만들어 낸다면 정말 운이 좋은 것이다. XX은 정말 운이 좋게도 이런 혁신적인 제품들을 하나도 아닌 몇 개씩이나 세상에 내놓았다. 1984년 그의 회사는 매킨토시 컴퓨터를 출시했고 이 제품은 그 회사뿐만 아니라 컴퓨터 산업 전체를 통째로 바꿔놓았다. 2001년에는 첫 번째 아이팟을 선보였다. 이 제품은 우리가 음악을 듣는 방식을 바꿔 놓았을 뿐만 아니라 음악 산업 전체를 뒤집어엎었다. 그리고 2007년 그는 이처럼 혁신적인 제품을 무려 3개나 선보였다. 그가 말하길 "그 첫 번째는 바로 터치로 조작할 수 있는 와이드 스크린 아이팟입니다. 두 번째는 혁신적인 휴대폰입니다. 그리고 마지막으로 세 번째는 획기적인 인터넷 통신 기기입니다. 자 정리해 보죠. 3가지입니다. 터치로 조작할 수 있는 와이드 스크린 아이팟, 혁신적인 휴대폰, 그리고 획기적인 인터넷 통신 기기입니다. 아이팟, 휴대폰, 인터넷 통신 기기, 아이팟, 휴대폰, 인터넷······. 뭔지 감이 오세요? 이것들은 각각 3개의 제품이 아닙니다. 단 하나의 제품입니다. 우리는 이 새로운 제품을 '아이폰'이라고 부릅니다. 오늘 애플이 휴대폰을 재발명할 것입니다."

이 남자가 누구인지 말하지 않아도 알 것이다. 그는 바로 스티브 잡스다. 스티브 잡스가 아이폰을 만들기 전까지 사람들은 노트북, MP3, 휴대폰, 세 가지를 각각 들고 다니는 것에 대해 아무런 생각이 없었다. 그저 당연히 각각 들고 다녀야 하는 물건이라고만 생각했다. 그런데 사람들이 아무 생각 없이 당연하다고 생각했던 이것에 스티브 잡스는 의문을 던졌다. '아이팟, 휴대폰, 인터넷 통신 기기, 아이팟, 휴대폰, 인터넷 통신 기기, 세 가지를 하나로 만들 수 있지 않을까?'

존재하지 않던 것에서 스티브 잡스가 혁신을 만든 것이 아니었다. 원래 없던 것에서 스티브 잡스가 혁신을 만들었다면 아이폰은 출시되자마자 불티나게 팔리지 못했을 것이다. 이미 MP3, 휴대폰, 인터넷 통신 기기가 뭔지 알고 익숙하고 사용하고 있던 사람들이 전 세계에 넘쳐났기 때문에 그 어떤 혁신보다 더 빠르게 문화가 될 수 있었다. 에디슨이 소리를 기계에 기록하고 재생할 수 있는 축음기를 만든다고 했을 때 사람들은 미쳤다고 했고, 알렉산더 그레이엄 벨이 음성을 전기 신호로 바꾸어 먼 곳으로 전송하고, 이 신호를 다시 음성으로 재생하여 거리를 둔 두 사람 사이의 통화를 가능하게 하는 전화를 만든다고 했을 때도 사람들은 미쳤다고 했다. 인터넷 통신 기기를 처음 만든 사람은 아니지만 빌 게이츠가 모든 '식탁 위에 컴퓨터를' 생각하며 개인도 컴퓨터를 사용할 수 있는 시대를 만든다 생각했을 때 사람들은 미쳤다고 했었다.

여러분들의 자녀가 미쳤다는 소리를 듣지 않고 여러분들의 생각대로 잘 크고 있는가? 과연 여러분들의 생각대로 그 길이 여전히 안전한 길일까? 처음 컴퓨터가 나오고 스마트폰이 생기기 전 세상보다 스마트폰이 나온 앞으로의 세상이 더 빠르게 변할 것이다. 전문가들은 말한다. 지난 100년보다 앞으로의 10년이 더 빠르게 변할 것이라고. 그런데 100년 전 교육 시스템으로 10년 후를 살아가야 할 자녀들에게 제대로 된 길로 인도할 수 있을까?

인류 문명사에서 3대 혁명으로 불리는 인쇄 혁명을 일으킨 구텐베르크! 영국 BBC의 베테랑 다큐멘터리 작가인 존맨이 쓴 『구텐베르크 혁명』이란 책에 보면 구텐베르크의 금속 활자 발명은 사업가로서 그의 기질에서부터 유래되었음을 자세하게 설명해 주고 있다. 돈에 대한 그의 욕망과 사업 수완이 금속 활판 인쇄술의 발전을 가져왔고, 그로 인해 많은 책이 출판되면서 지식 독점이 무너지고 그로 인해 인식 개혁, 종교 개혁 등 혁명적 변화가 일어날 수 있게 되었다. 예전에는 책이 무척 귀했다. 99%의 사람들이 가난했기 때문에 책을 보기 위해 책을 빌려 볼 수밖에 없었다. 그래서 예전에는 책을 빌려주는 사람에게 어리석은 사람이라고 했다. 구하기 힘든 귀한 책을 빌려준다는 것 자체가 정보를 공짜로 전달해 주는 일이기 때문이다. 그런데 책을 빌려주는 사람보다 더 멍청한 사람이 누군지 아는가? 빌린 책을 돌려주는 사람이다. 그렇게 귀한 책을 손에 넣었는데 다시 돌려준다니 말이다! 그리고 빌려준 책을 깨끗하게 돌려주는 것도 부끄러운 일이었다. 그래서 책을 돌려줄 때가 됐을 때 책을 많이 읽지 못했을 때는 책을 밟아 많이 본 것처럼 다시 돌려주곤 했다.

이제는 누구나 도서관에 가서 책을 공짜로 볼 수 있게 되었다. 지난 20년 동안 출간된 책이 20세기에 출간된 책을 모두 합친 것보다 많지만 안타깝게도 우리는 책을 읽지 않는다. 바쁘다는 핑계로 도서관까지 가는 게 귀찮다는 핑계로 그리고 수능을 준비하기 때문에 책 읽을 시간이 없다면서 말이다.

그런데 이제는 책도 필요 없게 되었다. 인류 3대 혁명으로 불리는 구텐베르크의 혁명을 뛰어넘는 스티브 잡스의 아이폰 혁명 덕분에 이제는 세계의 모든 정보와 지식을 스마트폰을 통해 정말 쉽고 빠르게 획득할 수 있기 때문이다. 세상의 모든 정보와 지식이 이제는 내 손안에 들어온 것이다. 이제는 가난해서 신분이 낮아 정보에 접근하지 못하는 세상이 아니다. 이제는 자기 손에 있는 스마트폰을 얼마나 잘 활용하는지에 따라서 공부의 승자와 패배자가 나누어질 것이다.

그럼 어떻게 공부를 시작해야 할까? 이건희 회장이 "마누라와 자식 빼고 모두 다 바꿔라!"라고 말했던 것처럼 공부해야겠다는 마음 빼고는 다 바꿔야 한다. 삼성이 다 바뀐 결과 국내 1등에서 세계 1등 기업이 될 수 있었듯이 다시 처음부터 시작해서 시스템을 새로 정립하지 않으면 우리 자녀들의 장래는 어두울 수밖에 없다.

PART 2

**부정당하면
고개만 끄덕이자**

Chaper 11

스마트폰으로
게임과 영상만 보는 이유

    우리가 스마트폰을 잘 활용하지 못하는 이유가 뭘까? 질문이 사라졌기 때문이다. 내 머릿속에 질문이 남아 있고 내가 무엇을 모르는지 스스로 깨달을 수 있다면 그것을 구글이나 유튜브, 네이버 등에 검색만 하면 돈 없이도 지식을 얻을 수 있다. 하지만 스스로 뭘 궁금해하는지 알 수가 없기에 검색창에 검색할 게 없다. 그래서 난 21세기에 돈을 내고 무엇인가 배우는 행위는 스스로 뭘 궁금해하고 현재 단계에서 뭘 배워야 할지 스스로 인지하지 못하기 때문이라고 생각한다. 그렇기에 무엇을 배워야겠다는 생각이 들면 커리큘럼이 잘 짜인 학원부터 찾는 것이다. 무엇을 배워야겠다는 생각 자체가 남아 있고 학원을 스스로 찾아간다는 것만으로도 다른 사람들에 비해 괜찮은 도전 정신이기는 하지만 이걸로는 21세기에 걸맞은 공부를 할 수 없다.

우리는 학생들을 바라볼 때 계산을 잘하거나 암산을 잘하거나 학업 성적이 뛰어난 학생을 천재라고 말한다. 그런데 우리나라 최고의 지성 중에 한 분이셨던 이어령 교수님은 "천재 아닌 사람이 어디 있어. 모든 사람 천재로 태어났고 그 사람만이 할 수 있는 일이 있는 거예요. 그런데 그 천재성을 이 세상을 살다 보면 남들이 덮어 버려. 학교에 들어가면 학교 선생이 덮어 주고 직장에 나오면 직장 상사들이 덮어 주고. 자기 천재를 전부 가리는 거야. 그래서 내가 늘 하는 얘기가 360명이 뛰는 방향을 쫓아서 경주하면은 아무리 잘 뛰어도 1등부터 360까지 있을 거야. 그런데 남들 뛴다고 뛰는 것이 아니라 내가 뛰고 싶은 방향으로 각자 뛰면 360명이 다 1등 할 수가 있어. 'Best One' 될 생각하지 마라. 'ONLY ONE' 하나밖에 없는 사람이 돼라. 자기는 하나밖에 없는데 왜 남과 똑같이 살아? 왜 남의 인생, 남의 생각을 좇아가냐고? 사람들 와~ 몰리는 일에 내가 가고 싶은 길이 아니야. 그랬을 때 대담하게 '내가 정말 가고 싶은 길'은 쓰러져 죽더라도 내가 요구하는 삶을 위해서 그곳으로 가라는 거예요. 자기 삶은 자기 것이기 때문에 남이 어떻게 할 수가 없어. 젊은 이들의 가장 큰 실수는 자기는 안 늙는다고 생각하는 것이야. 그러니까 내일 산다고 생각하지 말고 오늘 이 순간에 현실을 잡으라는 거죠. 마치 사형수가 하루를 살 때 내일이 없다고 생각할 때 그 하루가 얼마나 농밀하겠어요. 젊음을 제대로 살아 보지 못한 사람은 "어휴 살아봤자 뭐, 내일도 똑같고 모레도 똑같은 아이고 죽자" 그러는지도 몰라. 지금 젊음을 열심히 살아야 늙을지도 알고 열심히 늙음을 살아야 죽음의 의미도 안다는 거지. 죽음이라는 건 폭발하는 것이고 부딪히는 것이고 강철의 문을 두드리는 것이야. 이 이상 절박하고 이 이상 중요한 게 없어. 그래야 산다는 것이 뭔질 알아." 이어령 교수는 안타깝게도 2022년에 우리 곁을 떠나셨지만, 그는 현재를 살아가고 있는 그 누구보다도 젊은 뇌를 가지셨다. 나이만 어렸을 뿐 이어령 교수보다 꼰대가 아니라고 자부할 수 있는 사람이 몇이나 있을까?

이어령 교수는 "과거를 검색하라, 현재를 사색하라, 미래를 탐색해라"라고 우리에게 부탁하셨다. 그런데 우리의 교육은 여전히 똑같은 길로만 우리의 청소년들을 인도한다. 그리고 1명 빼고는 모두를 바보로 만들어 버린다. 그 아이만이 하고 뛰고 싶은 길이 있는데 왜 우리는 여전히 말의 양쪽 시야를 가린 채 당근만 바로 보며 무작정 1등을 향해 달려가는 것만 최선의 교육이라고 생각하느냐 말이다. 당신 아이의 생각(호기심)이 정말 쓸데없이 느껴지는가? 그렇다면 잘 살고 있는 게 맞다. 이건 100% 당연한 일이다. 왜냐면 그 호기심은 그 아이만이 해결할 수 있는 문제일 확률이 높기 때문이다. 똑같은 기준으로만 학생들을 평가하니까 우리나라에서는 더 이상 천재를 발견할 수 없게 되는 것이다. 당신의 아이가 뛰고 싶어 하는 길을 발견하게 도와주고 그 길이 힘들더라도 포기하지 않고 끝까지 할 수 있도록 도와주는 게 어른의 역할이고, 교육의 역할이라고 생각한다. 그것들을 더 자세히 알기 위해 어떻게 해야 할까? 구글에 검색해 보고 유튜브 영상을 찾아보면서 그것을 더 잘 알기 위해 노력하는 게 진짜 공부다. 여기서 더 발전하고 싶은 아이들은 스스로 도서관을 찾아서 그 분야의 책을 찾아 스스로 읽게 될 것이다. 그러면서 자신이 미처 생각하지 못했던 부분을 저자를 통해 생각이 더해지면서 그 아이의 생각이 확장된다. 우리는 정말 다양한 방법으로 'INPUT'이 가능한 시대다.

자녀가 스마트폰으로 게임을 하거나 이상한 영상만 보고 있어서 미칠 것 같은가? 자기가 배운 내용으로는 아웃풋을 할 곳이 없기에 게임으로 영상으로 자신의 뇌에 휴식을 주기 위해 게임과 영상을 보는 것이다. 게임을 하면서 자신이 아는 '스킬'을 OUTPUT 할 수 있기 때문에 아이들을 게임에 빠지는 것이다. 만약 아이들이 학교가 정해준 공부가 아니라 스스로 생각을 통해 공부를 할 수 있다면 그들에게 공부는 더 이상 재미없는 존재가 아닌 게임처럼 재미있는 존재가 될 것이다.

학교를 통해 이 정도의 지식은 살아가면서 꼭 필요하기에 학교에 보낸다고? 학교 공부의 최대 단점이 바로 이것이다. 엄청나게 'INPUT'을 시키지만 정작 단 한 번도 제대로 'OUTPUT' 할 시간을 주지 않는 것, 배울 것을 어떻게 실생활에 사용할 수 있는지 알려주지 않는 것이다. 초등학교까지 배운 내용만으로도 INPUT은 충분하다. 그렇다면 우리 청소년들에게 필요한 것은 이제 자연스럽게 아웃풋을 할 수 있는 시간이 필요하다.

Chaper 12

스마트폰으로부터 우리 아이를 구하자?

여러분들은 스마트폰을 잘 활용하고 있는가? 길을 가다가 학원 자동차에 붙은 '스마트폰으로부터 우리 아이를 구하자'라는 문구를 보게 되었다. 실제로 우리 아이들은 심각할 정도로 스마트폰에 중독되어 있다. 식당에만 가더라도 알 수 있듯 스마트폰이 없으면 아이들이 온전히(?) 식사할 수가 없다. 부모님들도 스마트폰을 통해 영상을 보여 주고 싶지 않지만, 식사를 끝마치기 위해 어쩔 수 없이 영상을 보여 줄 수밖에 없는 세상이 되었다. 이렇게 자연스럽게 스마트폰에 노출된 아이들이 스마트폰에 중독되는 게 이상한 일은 아니라고 생각한다.

그럼, 부모들은 스마트폰을 효율적으로 잘 사용하고 있을까? 대부분 부모도 스마트폰을 효율적으로 사용하지 못하고 있다. '자녀는 부모의 뒷모습을 보고 자란다'라는 말이 있다. 부모는 인지하지 못할지라도 아이들은 항상 부모를 주시하고 있다. 그러면서 부모의 행동을 따라 하면서 자연스럽게 부모와 똑 닮은 행동을 하게 되는 것이다. 그래서 '세 살 버릇 여든까지 간다'라는 건 안 좋은 습관을 고치는 게 그만큼 힘들다는 뜻도 있지만 세 살 때 가장 많이 보게 되는 부모의 행동이 그 아이의 삶의 큰 영향력을 끼치게 된다는 뜻도 포함되어 있을 것이다. 이 때문에 부모의 행동은 자녀들에게 무엇보다 중요하다. 당신의 자녀가 스마트폰에 중독이 되었다면 자기의 모습을 한 번 되돌아봐야 한다. 과연 나는 스마트폰의 주인인가? 아니면 노예인가?

이 글을 쓰고 있는 나도 스마트폰에 중독되었다. 스마트폰이 없으면 대부분의 일을 할 수 없는 사람이 되었다. 심지어 70살이 넘은 우리 아버지도, 70살이 다 되어가는 우리 어머니도 온종일 스마트폰을 보거나 TV를 보신다. 그럼 '스마트폰으로부터 우리 아이를 구하자'가 아니라 '스마트폰으로부터 모든 인류를 구하자'가 되어야 하지 않을까?

그렇다면 스티브 잡스의 최고 발명품 중 하나인 스마트폰을 지구상에서 없애 버려야 할까? 나는 아니라고 생각한다. 스마트폰 자체는 잘못한 게 하나도 없다. 잘못은 스마트폰을 사용하는 사람에게만 있다. 어른들도 스스로 스마트폰을 잘 활용하지 못하기 때문에 당연히 우리 아이도 '나처럼' 스마트폰을 똑같이 쓸 게 뻔하다는 생각에 스마트폰 자체를 죄악시하는 틀부터 깨부숴야 한다. 부모

또는 주변 어른 중 스마트폰을 한 명이라도 생산적으로 사용하는 사람을 보게 된다면 청소년들도 스마트폰의 진정한 가치를 제대로 깨달을 수 있을 것이다.

위에서 말했던 것처럼 나도 온종일 스마트폰을 활용하고 있다. 심할 때는 하루에 12시간 동안 스마트폰을 활용할 때가 있다. 그중에서 유튜브를 굉장히 많이 활용하고 있다. 내가 지금 의도적으로 이용이 아니라 '활용'하고 있다고 말하고 있는 부분에 주목해 주길 바란다. 특히 새로운 책을 쓰고 싶을 때 더욱 유튜브를 많이 본다. 하루에 10시간 동안 도대체 무엇을 보는 것일까?

이어령 교수처럼 훌륭한 사람들의 영상만 찾아볼까? 아니다. 10% 정도는 이런 분들의 영상을 보기는 하지만 90%는 드라마나 예능 영상들을 주로 본다. 이 글도 TVING 드라마 <개미가 타고 있어요>를 통해 글의 소스를 얻게 되었다. 지금까지 썼던 책들도 <SKY 캐슬>, <펜트하우스>, <스토브리그>, <이태원 클라쓰> 등을 통해 영감을 많이 얻었다. 어떻게 이런 드라마에서 영감을 얻을 수 있었을까? 교육과 관련된 드라마도 있지만 아닌 드라마도 있는데 말이다. 그건 바로 드라마나 예능이 동시대를 살아가는 사람들의 고민, 생각, 관심 등을 담고 있을 수밖에 없기 때문이다. 어떨 때는 1분짜리 영상을 보는데 10분 이상 소요될 때가 있다. 1분짜리 영상을 보면서 아이디어가 넘쳐나서 3~5초 정도 보고 떠오르는 생각들을 글로 옮기다 보면 20분~30분은 순식간이다. 겨우 1분짜리 영상을 보는데도 이렇게 엄청난 소스가 담겨 있다. 그래서 1분짜리 영상을 보고 30분 정도 글을 쓰고 나면 머리가 쥐가 나서 다시 글을 쓰기 전까지 휴식이 필요하게 된다. 그리고 어떤 영상은 보고 나면 생각이 정말 많아져서 뇌가 터질 것 같은 영상도 있었다. 그래서 20% 정도만 보고 다시 보지 않은 영상도 있다.

우리는 예전에 TV를 "바보상자"라고 불렀다. 그 이유는 TV를 보는 동안 뇌가 '치매 상태'처럼 생각이 멈추기 때문이다. 그런데 이제는 TV가 아니더라도 대부분 사람이 생각하는 걸 싫어하고 생각하는 걸 스스로 멈추고 있다. 이 글을 읽고 있는 당신은 다르다고 할 수 있는가? 자녀를 볼 때마다 '애는 누굴 닮아서 이렇게 생각이 없지?'라는 생각이 든다면 지금 당장 거울 앞으로 가보면 그 범인을 찾을 수 있을 것이다.

자녀들을 변화시키려고 하지 말자. 그들은 스마트폰을 효율적으로 사용하는 어른들을 본 적이 없기에 어떻게 변화되어야 하는지 전혀 생각할 수 없다. 스마트폰 중독? 스마트폰은 아무런 잘못이 없다. 치킨은 살이 안 찌듯이 말이다. 내가 살찌지! 부모인 여러분들이 스마트폰을 효율적으로 사용하기만 한다면 그 모습을 보고 자녀들은 자연스럽게 스마트폰을 효율적으로 사용할 수 있게 될 것이다. 부모는 자식의 거울이다. 유리를 통해 자녀를 감시하는 짓은 그만하자. 당신은 유리라고 생각하겠지만 자녀들은 거울처럼 당신을 보고 있으니.

스마트폰으로부터 우리 아이들을 구하기 전에 스마트폰으로부터 당신을 먼저 구하자!

Chaper 13

𝄆 _____ 개미가 타고 있어요

어떤 일이든 12년 정도 했다면 전문가라고 할 수 있지 않을까? 어떤 일이든 12년 정도 했는데 그것을 잘 못한다면 그 사람이 문제거나 그것을 배운 방식이 잘못되었다고 볼 수 있지 않을까? 여러분에게 한 가지 질문을 던지고 싶다.

"여러분은 영어를 유창하게 잘하고 있는가?"

대부분 아닐 것이다. 참 아이러니하지 않은가? 영어 유치원, 영어 학원, 영어 과외, 유학, 어학연수 등 영어에 투자하는 돈이 막대한데 우리의 영어 실력은 왜 이렇게 비참할까? 그건 일방적으로 배우기만 했을 뿐 배운 내용을 어떻게 활용할 수 있는지 배우지 못했기 때문이다.

학교 공부를 12년 동안 해도 영어 한마디도 할 수 없는데, 이게 제대로 된 공부인가? 지금까지의 인풋으로 충분하다. 이제는 필요한 부분만 스스로 찾아서 배우고 배운 내용을 아웃풋 할 수 있어야 한다.

21세기 인풋을 가장 잘 도와주는 도구가 유튜브라고 생각한다. 어떻게 유튜브를 활용할 수 있을까? 이번 글을 통해 유튜브를 통해 어떻게 영감을 얻고 글을 쓰고 있는지 TVING 드라마 <개미가 타고 있어요>를 통해 공유하려고 한다.

<개미가 타고 있어요>는 현대인들과 떼려야 뗄 수 없는 '주식'을 소재로 한 국내 최초의 주식 드라마다. 미스터리 한 모임 속 다섯 명의 개미가 주식을 통해 인생을 깨닫는 과정을 그린 웹드라마다. 모두가 꿈꾸는 '떡상 기원 주식 공감 드라마'이다. 이 미스터리한 모임의 리더는 수익률 600%의 초등학생 슈퍼 개미다!

또 다른 관전 포인트는 221만 구독자를 보유한 유튜버 '슈카'의 특별 강의가 매번 에필로그로 등장한다는 점이다. 본편에서는 우리 주변에서 봤을 법한 다양한 에피소드를 통해 많은 이들의 공감을, 에필로그에서는 실생활에 도움이 될 주식 상식을 알려주는 특색 있는 드라마다.

11살 천재 주식왕 예준이를 통해 주식 투자했다가 된통 당해버린 4명의 어른. 미스터리한 모임에 다시 모인 4명의 어른은 11살 천재 주식왕 예준이에게 따지기 시작한다. "너 이거 어떡할 거야? 여기 마이너스 22% 난 거?" 이에 예준이는 "여러분은 주식을 왜 하시나요? 혹시 주식을 애들 장난쯤으로 너무 쉽게 생각하신 건 아닌가요?" 그러자 유미서(한지은 배우)는 "야, 주식에 내 인생을 걸었어!" 그러자 예준이의 반박 불가 팩트 펀치가 이어진다. "주식에 인생을 걸었다는 분이 잘 알지도 못하는 어린이가 추천해 준 종목을 덜컥 사나요?" 우리가 막연하게 대학에 인생을 걸고 있는 모습과 크게 다를 게 있는가? 대학에 인생을 걸고 있으면서 잘 모르는 선생님들의 추천으로 잘 알지 못하는 학과에 4년을 투자하는 건 투자가 아니라 투기, 도박이다. 그러면서 실패한 원인을 경제가 어려워서, 부모가 지원해 주지 않아서, 좀 더 좋은 대학을 가지 못해서, 과외 선생님을 잘 못 만나서 등 자기 합리화를 하고 있다. 11살 천재 주식왕 예준이는 "다들 투자에 실패해 놓고 쉽게 합리화하시는데 세상에서 가장 위험한 꽃이 자기 합리화입니다."라고 말한다. 이제 자기 합리화는 그만!

　세상에 잃어도 되는 돈은 없다. 주식에도 공부가 필요하듯, 자신에게 맞는 공부를 제대로 하기 위해 공부에도 공부가 필요하다. 공부는 투기가 아니다. 여기 100만 원이 있다. 이 돈을 투자해 25%의 수익을 내고 이걸 40번 반복하면 얼마가 될까? 아마 당신이 어떤 상상을 하던 그 상상 이상일 것이다. 놀랄 준비가 되었는가? 40번 반복하면 무려 75억이다. 단 한 번도 실패해서 안 된다는 것이다. 우리는 이 확률로 수능 공부하고 있는 건 아닐까? 단 한 문제라도 틀리지 않기 위해, 모두 과목에서 1등급이 나와야지만 겨우 자기가 원하는 대학교, 원하는 학과를 선택할 수 있는 삶. 이러니 내가 뭘 좋아하는지 자신에게 질문을 던질 수가 없다. 그 시간에 영어 단어 하나, 문제 하나라도 더 풀기 바쁠 뿐. 공부에 투기꾼은 이 책이 필요 없을 것이다. 공부에 제대로 투자할 사람만이 이 책이 진정 필요한 것이다.

『개미가 타고 있어요』에서 퇴직 후 주식에 뛰어든 영어 교사 김진배(장광) 님은 말한다. "투신자판 성투성투" 투자는 신중하게, 자신이 판단해서, 성공 투자 이루자!

공부도 이와 같다. 공부는 신중하게, 자신이 판단해서, 성공 공부로 꿈을 이루자!

Chapter 14

공부도 재미없으면 오래 할 수 없다

스스로 도전을 통해 얻은 실패는 좋은 공부다. 내가 좋아하는 걸 찾아서 공부하고 있다면 접근 방법이 좋기에 포기만 하지 않는다면 결국 길을 찾게 될 것이다. 여러분들은 꾸준히 하는 뭔가가 있는가? 그걸 우리는 관심사 또는 취미라고 이야기한다. 여러분들이 그것을 꾸준히 하는 이유는 뭘까? 이유는 간단하다. 재미있기 때문이다. 사람마다 재미를 느끼는 게 다르기에 당신이 무엇에 재미를 느끼는지 알 수 없지만, 결론은 사람은 재미있으면 계속하게 된다. 그래서 내가 생각하는 인생이란 자신이 가장 재미를 느끼는 것을 찾고 그걸 한평생 즐기면서 살아가는 것이라 말하고 싶다. 그렇기에 이걸 한 살이라도 어릴 때 찾고 한 살이라도 빠르게 시작할 수 있어야 한다고 생각한다.

공부도 마찬가지다. 지금 하는 공부에 집중이 필요하다면 그건

100% 재미가 없기 때문이다. 스스로 생각해 보길 바란다. '난 무엇을 할 때 시간 가는 줄 모르고 즐겼는가?' 좋아하는 일을 할 때 집중은 필요하지 않다. 어느 순간 자연스럽게 몰입하고 있을 뿐이다. 난 무엇을 할 때 가장 재미를 느끼고 무엇을 할 때 가장 멋있는 사람인지 찾아야 한다! 이 질문을 스스로 던질 수 있어야 된다. 그런데 이걸 찾는 게 쉬운 사람도 있고 정말 어려운 사람도 있을 것이다. 수많은 시행착오를 겪어야 할 수도 있다. 계속 실패하다 보면 이런 생각이 들 수도 있을 것이다. '그 공부한다고 시간? 돈 너무 많은 걸 날렸어! 이러다가 내 인생 망하는 거 아니야?' 12년 동안 목적 없이 대학만을 위해 공부하면서 날렸던 시간에 비하면 자신이 원하는 공부를 찾는데 투자하는 시간은 결코 긴 시간이 아니다.

만약, 계속 내가 원하는 공부를 하는 것에 대해 실패하고 있는가? 그렇다면 오히려 잘 됐다! 내가 뭘 싫어하는지, 나에게 의미 없는 것을 알게 되었으니 그 부분은 미련 없이 버릴 수 있게 되었으니 말이다. 이런 상황을 경험해 봐야 한다. 미련 없이 잘 끝내려면 피하지 말고 일단 해 봐야지 한다! 그러면 확실하게 끝낼 수 있다! 그러니 이제는 생각을 바꾸자. 부정적인 사람은 늘 부정적으로만 생각한다. 그래서 기회 속에서도 좌절만 바라보게 되는 것이다. 긍정적인 사람들은 절망 속에서도 희망을 찾을 수 있다. 이 차이가 성공과 실패를 만드는 것이지 학교 공부가 내 인생을 좌지우지하는 게 아니다. '야 그런 거 쉽지 않아' 하고 자기 나름대로 냉철한 판단을 하는 것처럼 보이는 사람도 결국에는 하지 않기 위해 변명을 하는 것

뿐이다. 성공했다면 부정적인 이야기가 아니라 '쉽지 않았지만 이렇게 했어'라는 '성공 신화'를 말하지 않을까? 우리 사회는 실제로 완벽함보다 완벽해 보이는 데 너무 신경을 많이 쓰고 있다.

가정 환경과 사회 시스템 등을 들먹이면서 사회 비판적 시각으로 부정적인 비판을 하는 사람들이 똑똑해 보일 수 있지만 그 사람들은 실패자이다. 사회를 냉철하게 보는 것만큼 자신을 좀 더 냉철하게 바라볼 수 있어야 한다. 문제는 누구나 지적할 수 있다. 진짜 똑똑한 사람은 문제를 지적하는 것에서 끝내지 않고 그 문제를 해결할 방법까지 생각해 내는 사람이다. 그렇기에 결코 부정적인 생각을 할 시간이 없다. 자녀가 성공하지 못하는 이유는 주변에 성공한 사람들을 눈 씻고 봐도 찾아볼 수 없기 때문이다. 그래서 어쩔 수 없이 책, 유튜브, TV를 봐야 한다. 당신이 유튜버 <자청>이나 <신사임당>을 통해 경제적 자유를 얻으려고 하는 것처럼 말이다. 그 세상을 통해 이 세상을 이끌어 가는 사람들을 보면 절대로 비관주의자들이 아니라 낙관주의자들이라는 걸 알 수 있을 것이다. 자신이 꿈꾸는 공부, 꿈꾸는 일을 하고 싶다면 말도 안 되게 낙천적일 필요가 있다. 우리 사회는 근거 없이 말도 안 되게 희망이 넘치는 사람들이 필요하다.

부모들의 과거를 생각해 봐라. 좋은 대학 나왔는데 지금 좋은 삶을 살고 있는가? 그렇다면 다행이지만 그렇지 않다면 우리 자녀도 나와 비슷한 삶을 살게 될 확률이 높지 않은가? 만약 좋은 대학 나와서 지금 좋은 삶을 살고 있기에 우리 자녀도 그렇게 될 수 있다고 생각하는가? 그렇다면 지금 대학교 도서관에 한 번 가봐라. 학생들의 표정이 꿈꾸는 표정인지, 아니면 정신 나간 표정인지 말이다. 이제 좋은 대학만 나왔다고 해서 취업이 잘 되는 시대는 끝났다.

이제 과거 공부법에 대한 미련은 깨끗하게 버리자. 자신의 과거와 지금 20대들을 바라보며 과거 공부에 대해 마무리를 잘할 수 있길 바란다. 내가 진짜 무엇에 재미를 느끼는지 무엇을 할 때 가장 멋있는 사람인지는 직접 경험해 봐야지 알 수 있는 부분인데 우리는 성적에 맞춰 대학을 가고 그 대학을 다니기 위해 하나도 도 관심 없는 과를 선택하고 공부하고 있지 않은가! 그렇기에 20대가 되고 30대가 되고 40대가 되고 죽을 때가 되어도 '내가 뭘 좋아하는지 잘 모르겠어요.'라고 말하는 어른들이 많은 것이다. 이런 인생, 더 이상 다음 세대에 물려주고 싶지 않다.

아직 무엇을 공부해야 할지 모르겠다고? 확신이 없다면 공부하고 싶은 걸 찾을 때까지 기다리며 이것저것 해보는 게 필요하다! 꿈꾸는 직업을 얻었다고 해도 이렇게 말하는 어른들을 많이 봤을 것이다. "실제로 해 보니 생각과 너무 달라서 멘붕이에요. 내가 이걸 진짜로 하고 싶어 하는 줄 알았는데 아니었어요. 이제 어떻게 해야 할까요?" 무작정 직업만 바라보고 대학 공부를 한 결과 이런 꼴이 나는 것이다. 그렇기에 직업을 선택하기 전, 어느 정도 공부했을 때 일단 그 일을 무조건 경험해 봐야 한다. 해 봐야지 내가 그 일에 재미를 느끼는지 못 느끼는지 제대로 알 수 있다. 그러니 청소년 시절에는 당장 직업을 위해 공부해야 할 시기가 아니라 내가 그 일을 진짜 사랑하는지, 재미를 느끼는지 경험해 봐야 할 시기다.

조급해하지 말자! 여유를 가져야 찾을 수 있다! 관심도 없는 공부를 하고 대기업, 공기업, 공무원 취준하는데 보내는 시간을 생각하면 1-2년 내가 하고 싶은 걸 찾는데, 시간을 보내는 건 아무것도 아니다! 시간을 낭비하는 것 같지만 하고 싶은 걸 찾는 순간 2~3년만 공부해도 16년 의미 없이 공부했던 시간 보다 더 빠르게 성공, 자신이 하고 싶은 길을 걸을 수 있을 것이다! 그것을 꼭 찾아야 한다.

Chaper 15

스타트업에 시드 머니를 투자하자

태어날 때부터 금수저로 태어나는 사람들이 있다. 그들을 보면 도전하는 걸 두려워하지 않는다. 재미가 있을 것 같으면 일단 해본다. 하면서 어떻게 하면 더 잘할 수 있을지 그때 생각한다. 이게 금수저들만 가능한 일일까? 절대 아니다. 앞에서도 말했지만, 예전에는 정보에 접근하는 것 자체가 '돈'이었다. 그러나 이제는 아니다. 어떤 일에 도전하던 이제는 책과 유튜브를 통해 충분히 정보를 얻을 수 있다. 그렇다고 누구나 금수저가 될 수 있을까? 그건 서울대 가는 것만큼 쉽지 않은 일이다. 그런데 쉽지 않은 일인 건 맞지만 결코 불가능한 일은 아니다. 서울대는 정원이 정해져 있지만 금수저가 되는 정원은 정해져 있지 않다. 누군가 서울대에 합격하고 있는 것처럼 제대로 된 도전을 하고 있다면 서울대에 가지 않더라도 금수저가 될 수 있는 세상이 되었다.

금수저와 일반인들의 차이는 뭘까? 가장 큰 차이는 여전히 돈이다. 솔직히 돈이 있기 때문에 돈 없는 사람들보다 인생이 여유롭고, 일반인들보다 도전을 쉽게 할 수 있는 환경인 건 사실이다. 그런데 우리 교육은 이상하게 부자들을 나쁜 존재로 만든다. 부자는 결코 나쁜 사람이 아니며 금수저로 태어난 것도 절대 나쁜 일이 아니다. 지금 당신이 부자가 아니고 금수저로 태어나지 못했으며 절대 부자가 될 수 없다고 생각하기에 막연하게 부자는 나쁜 존재라고 알려주는 교육 시스템을 맹신하고 있는 것 아닌가? 솔직해지길 바란다. 만약 당신이 금수저로 태어났거나 스스로 부자가 될 수 있는 능력이 있다면 부자가 되지 않을 것인가? 당신은 부자가 되었다면 지금 당신이 욕하던 부자들과 다른 삶을 살 자신이 있는가? 정말 웃긴 건 자신이 살아가고 있는 동네를 욕하는 건 자존심 상해하면서 자신보다 못 사는 동네에 사는 사람들을 무시하며, 자기 자녀들이 그들과 놀지 못하게 하고 있다는 것이다. 지금 내가 거주하고 있는 동네도 대한민국 기준에서는 좋은 동네가 아니다. 카페에서 글을 쓰고 있을 때면 우리보다 잘 사는 옆 동네 아줌마들이 우리 동네를 무시한다며 미친 것 아니냐는 이야기를 종종 듣게 된다. 그러면서 자기 자식은 이런 동네(?)에 초등학교까지만 보내고 중학교는 빚을 내서라도 좋은 동네에 있는 학교나 특목고에 보내겠다고 한다. 이런 대화를 듣고 있으면 이해가 되지 않는다. 솔직히 말해서 우리 동네나 옆 동네나 서울 강남에서 보면 다 못 사는 동네 아닌가? 그런데 내가 바라보는 기준에서는 우리 동네처럼 좋은 동네가 없다. 바닷가에 해안산책로가 있어서 아침에는 일출을 볼 수 있고 저녁에는 일몰을 볼 수 있고 동네가 조용해서 사색하기 너무 좋은 곳이다. 대학과 비교 의식만 빼면 부자 동네의 조건을 모두 가지고 있다.

    부자 동네로 이사만 가려고 하지 말고 자신의 가치를 스스로 높여야 한다. 자본주의 사회에서 자신의 존재를 스스로 높이는 방법 중 최고는 돈이 될 수밖에 없다. 그렇다면 지금 가장 먼저 자신의 위치를 파악하는 게 중요하다. 자신의 자산을 잘 파악해 보길 바란다. 금수저가 아닌 이상 시드 머니가 부족할 수밖에 없을 것이다.(시드 머니 = 종자돈)

    시드 머니가 부족하기에 부자와 시작의 차이가 생길 수밖에 없다. 시드 머니는 사업이나 활동을 시작하기 위한 돈으로 가장 쉽게 설명할 수 있는 부분이 주식일 것이다. 1억을 가지고 있는 사람이 주식 투자를 해서 4%의 수익률만 올려도 400만 원을 벌 수 있지만 100만 원을 가지고 있는 사람은 고작 4만 원밖에 돈을 벌지 못한다. 같은 4% 수익률이지만 결과는 너무 다르다. 이처럼 돈 많은 친구보다 100배 이상 수익률이 필요한데 그 친구가 시험 1점을 받지 않는 이상, 100점이라는 성적의 기준점이 정해져 있기에 절대 이길 수 없는 싸움이다. 과외, 학원 등 돈으로 만들어 낼 수 있는 성적! 노력을 배신당하게 되는 과정만 배우게 되는 현대 교육 시스템. 내가 노력은 더 많이 했지만 쉽게 정보(족집게 문제집)를 획득하는 친구들은 쉽게 성적을 맞출 수 있다! 학교 성적에만 모든 시스템을 맞추고 있는 이상한 나라가 된 대한민국.

대학을 위한 공부는 시드 머니가 다른데(시작점) 같은 수익률로 같은 결과를 얻으려고 하는 것과 같다. tvN 드라마 <일타스캔들>을 보면 방수아(강나언 배우)는 남해이(노윤서 배우)에게 "아무튼 난 너 대단한 거 같아. 학원 하나 안 다니고 자기 주도 학습……."이라며 돌려 깐다. 자기는 일타강사 최치열 수업을 통해 1문제 틀렸으면서 말이다. 그리고 집에 가는 길에 남해이는 이선재(이채민 배우)에게 "야, 우리 왜 이러고 사냐? 아니 너랑 나 정도면 솔까(솔직히 까고 말해) 성실한 10대 아니냐? 우리가 방황을 하냐? 반항을 하냐? 밥 먹고 공부밖에 안 하는 것도 억울한데, 아니 왜 이렇게까지 좌절감을 느껴야 하냐고" 그러자 선재는 "너도 최치열 강의 들으면 어때?"라고 이야기한다. 지금의 대학 공부 시스템은 돈만 많으면 어느 정도 성적을 만들어 낼 수 있다. 이건 공부가 아니다.

<일타 스캔들>을 보면 치열의 강의를 좋은 자리에서 들을 수 있도록 하기 위해 자녀들 대신 부모들이 줄을 서는 웃픈 현실이 나온다. 남해이는 엄마의 역할을 해 주고 있는 남행선(전도연 배우)에게 "딴 엄마들은 맨날 학교 데려다주고 데리러 오고 입시 정보도 엄마들이 다 알아보고 수행 평가도 대신해 공부만 집중하라고!" 라디오를 통해서도 '주변 도로의 정차된 학부모님들 차들이 비상등 쇼를 펼치고 있다는 소식인데요.'라는 이야기가 흘러나온다. 작가가 의도적으로 '비상등 쇼'라고 한 이유를 잘 파악하길 바란다. 일타강사 수업 앞자리를 차지하기 위해 학생도 아닌 학부모가, 학부모도 아닌 학부모에게 고용된 아르바이트생이 줄 서기를 하는 웃픈 현실이

있는 현대판 맹모삼천지교의 현장! 누가 이 대한민국을 고요한 아침의 나라라고 했던가. 고소득, 고학력, 고득점, 고위층을 향해 고고하는 나라!

부자가 되고 싶은가? 그럼 더 이상 부자를 욕하는 짓은 그만하자. 그리고 현재 있는 자리에서 어떻게 하면 똑똑하게 공부해서 그 공부했던 걸 토대로 부자가 될 수 있는 길을 찾는 게 진짜 공부라고 생각한다. 그렇기에 더더욱 나에게 맞는 공부를 해야 한다! 더 이상 집안 사정을 비관하지 말고 티끌 모아 태산이 될 수 있음을 느껴야 한다! 돈이든 공부든 말이다! 지금 공부는 티끌 모아 티끌이며 성공해 봤자 결국 내일이 아닌 누군가 밑에 들어가는 방법(취업)밖에 알려 주지 않는다! 신기하게도 여자 친구는 옷 가게 사장이 되었는데도 시골집에 가면 '대학까지 나와서 아직 취업 못하고…….'라는 소리를 듣는 걸 보면 우리 교육에서는 사장이 되는 법, 리더 되는 법은 존재하지 않는다는 걸 알 수 있다. 수능이라는 전쟁, 다들 총 들고 싸우는데 새총을 들고 싸우거나 맨손으로 싸워서 이기려고 하는 짓은 이제 그만하자. 대학이라는 무기를 장착했다고 하더라도 평소에 내가 하고 싶었던 일이 아니었기에 어색할 수밖에 없다! 결국 잘할 수 없게 된다는 것이다! 다른 친구 성적 깔아 주는 역할이 되는 일은 이제 지양하자! 우리 자녀의 수준, 상태를 파악하는 게 가장 먼저 할 일이다.

자녀가 스스로 진짜 법조인이 되고 싶거나 의사가 되고 싶다고 하면 어떻게 해서든 의대, 법대를 진학해야 의사, 법조인이 될 수 있기에 어떻게 해서든 대학을 가기 위해 수능 공부를 열심히 할 필요가 있다! 그런데 안전한 삶을 위해 무조건 의대, 법대를 가게 하는 건 행복한 인생이 아니라고 생각한다. 의사가 되어, 법조인이 되어 행복할 수도 있겠지만 이걸 현실로 가능하게 할 수 있는 사람이 과연 몇 명이나 될까? 우리 아이는 가능하다고 생각하는가? 솔직히 불가능하다! 차라리 내가 말하는 공부 방법으로 공부해서 성공할 확률이 더 높다! 왜냐? 이렇게 하는 사람이 거의 없는데 했던 사람들은 대부분 성공했기 때문이다!

어떤 활동이든 시작할 때는 어느 정도의 돈은 필요하다. 그 시작 자본이 바로 시드 머니다. 공부의 시드 머니는 내가 어떤 공부를 하고 싶은지 찾는 것이다. 시드 머니의 특징을 보면 첫째, 검증되지 않는 사업이나 회사를 지원한다. 일명 스타트업이라 불리는 곳으로 비교적 회사의 역사가 짧고 이익을 내는 단계가 아니다. 당연히 불안정할 수밖에 없고 위험성이 높지만 이런 스타트업이 잘 성장한다면 우리나라에 엄청난 파급 효과가 나타난다. 그래서 이제 시작하는 회사에 시드 머니를 지원, 투자하는 것이다. 지금 여러분들이 하려고 하는 공부도 스타트업과 같은 수준이라고 생각하면 된다. 그 스타트업에 시드 머니를 투자하는 것이다. 지금은 별 볼 일 없지만 제대로 된 공부를 통해 제대로 성장한다면 우리나라에 도움이 되는 인재가 될 수 있을 것이다. 둘째, 개인 투자자의 투자 방향을 정한다. 첫 투자금인 시드 머니의 규모에 따라 투자 대상이 달라질 수밖에 없다. 시드 머니가 작은 경우 억 단위의 부동산에 투자하는 것은 불가능하기에 주식도 천 원 단위로 소수점 구매하기 등에 투자할 수밖에 없다. 공부도 개인의 목적과 취향에 따라 방향을 정해야 한다. 작게라도 하고 싶은 공부 방향에 맞게 공부를 해야 한다. 셋째, 사업이나 투자 규모에 따라 시드 머니가 달라질 수밖에 없다. 하고자 하는 공부도 성공하기 위해 적게 노력해서 성공할 수 있는 분야일 수 있고 엄청나게 노력해야 겨우 성공할 수 있는 일일 수도 있다.

Chaper 16

어렸을 때부터 돈 공부를 시켜야 하는 이유!

이 글을 읽고 있다면 부자가 아닐 확률이 높을 것이다. 그렇다면 시드 머니가 부족할 수밖에 없다. 그런데도 청소년 시절에 '돈'은 중요하지 않다고 말하며 돈은 나중에 생각하고 여전히 지금은 공부나 하라고 할 것인가? 공부하는 목적이 좋은 직업을 얻기 위함이라면 이제는 돈은 나쁜 것이라고 가르치는 교육은 무시하고 지금부터라도 제대로 돈 공부를 시작해야 한다. 청소년 시절부터 돈이 돈을 버는 과정을 경험해 봐야 한다. 20대가 넘어서 주식에 10만 원 투자한다고 생각해 보자. 10만 원도 적은 돈은 아니지만 '20대가 10만 원이라니'라는 생각이 들 수밖에 없다. 그런데 10대 시절에 10만 원을 투자하는 건 수익을 떠나서 괜찮은 투자 공부라고 생각한다. 그래서 10대 시절부터 꾸준히 작게 투자해서 수익률에 대한 감각을 느끼는 게 정말 중요하다. 10만 원은 작지만 10만 원의 시드 머니가 증가하는 걸 경험해 봐야 한다. 공부도 작지만 내공을 쌓으면 실력을 증가시킬 수 있다는 걸 경험하게 된다면 공부라는 존재가 재미있게 느껴질 것이다. 뭐든지 진짜 실력은 천천히 꾸준히 할 때 느리지만 강하게 느는 법이다.

당장 성과를 보장하는 족집게 선생님 때문에 당장 이번 시험에서 20점 올랐다고 좋아하지 말자. 단기적인 성과일 뿐이다. 장기적으로 내 지식, 내 정보가 올라간 게 아니다. 시험만 끝나면 까먹게 될 내용들로 '공부 열심히 한다고 안심하지 마세요' 이런 착각은 더 이상 안 했으면 좋겠다. 지금처럼 과정보다 결과만 중시하면 안 된다! 지금의 입시 전문가들에게 계속 의존하는 건 본인 생각 없이 그 사람의 아바타로 살아가게 되는 것이다. 뭐든지 익숙해지는 게 무서운 법이다. 이렇게 자기 생각 없이 주도적 학습을 족집게 선생한테 1~2년 배우게 되면 스스로 생각하고 공부하는 게 정말 어렵게 될 것이다. 더 이상 과외 선생님께 고마워하지 말자. 그 돈으로 제대로 된 공부를 할 수 있도록 청소년들에게 시드 머니를 주자. 이게 진짜 공부에 대한 투자라고 생각한다. 시드 머니를 줬는데 아이들이 그 돈으로 PC방에 가거나 그 돈을 한 번에 날릴까 봐 걱정되는가? 이런 걱정을 하게 되는 이유는 우리 자녀를 믿을 수 없기 때문이다. 그렇다면 우리 자녀를 믿을 수 없는 이유는 뭘까? 여러 가지 이유가 있겠지만 근본적인 이유는 돈에 대해 제대로 된 교육을 해준 적이 없기 때문이다. 당신의 자녀가 소변이 마렵다며 화장실에 다녀온다고 할 때 걱정이 되는가? '우리 자녀가 바지에 오줌을 누면 어떡하지?' 이런 생각을 하는 부모는 없을 것이다. 그 이유는 대소변 가리기 훈련을 해줬기 때문이다.

대소변 가리기 훈련처럼 이제는 돈에 대한 교육도 당연히 받아야 한다. 유대인의 성인식인 '바르 미츠바'를 알고 있는가? 한 번도 들어 보지 못했다면 부모가 먼저 돈에 대한 교육이 절실하게 필요한 상태다. 스타벅스에 앉아 좋은 학원, 과외 이야기하며 커피값을 소비하지 말고 아마존을 통해 사고자 했던 제품을 저렴하게 구매했다고 페이스북(인스타그램)에 자신의 소비를 자랑하는 건 이제 그만하자. 부모가 먼저 소비만 하는 습관에서 벗어나야 한다. 방금 말한 스타벅스의 CEO 케빈존슨, 페이스북의 마크 저커버그, 아마존의 제프 베이조스는 모두 유대인들이다. 척박한 자연조건을 딛고 IT 강국으로 발전한 이스라엘은 인구 천 명당 1명이 벤처 기업가로, 세계 벤처 자본의 35%가 투자되고 있는 나라다. 유대인들이 머리가 좋아서 가능한 일일까? 단순히 두뇌가 뛰어난 걸로 따지면 우리나라도 절대 뒤처지지 않는다. 그런데 우리나라와 이스라엘, 두 나라가 이처럼 극명하게 다른 이유는 뭘까? 그 이유는 '바르 미츠바' 유대인의 성인식에 있다.

유대 전통에 의하면 성인식은 만 13세가 되면 받게 된다. 유대인들은 1년 동안 성인식 준비를 통해 내가 무엇이며, 왜 이 세상에 나왔으며, 무엇을 해야 하냐를 고민하게 도와준다. 아이들은 1년이라는 시간을 본인의 성인식을 축하해 주러 오는 축하객들에게 할 대중 연설을 준비해야 한다. 이러한 연설문을 작성하고 준비하는 동안 아이는 많은 생각을 할 수밖에 없게 되면서 자연스럽게 자신의 존재를 파악할 수 있도록 도와주는 것이다. 그에 따라 논리력과 발표력은 덤으로 얻게 된다. 성인식을 맞은 자녀는 유대교 경전인 토라(모세오경) 두루마리를 펴고 축복 문을 낭송한 뒤 토라 중 한 부분을 히브리어로 읽는데 유대인 남자들이 고대로부터 모두 글을 아는 것은 성인식 때 토라를 읽어야만 했기 때문이다. 세종대왕이 한글을 만들려고 했던 이유도 우리의 얼을 계승하기 위함이며, 우리의 조상들이 일제로부터 우리의 글을 지키려고 했던 이유다. 자녀의 낭송이 끝나면 부모는 자녀의 말을 이어받아 "이 아이에 대한 책임을 면하게 해주신 하나님께 영광을."이라고 선포한다. 이는 앞으로 자녀의 모든 잘못은 본인 스스로 책임져야 한다는 선언이며 부모로선 이날이 자녀 교육의 의무를 면하게 되는 기쁜 날이다. 이때부터는 진정한 어른으로 대접을 받는 것이다. 우리와 유대인 자녀 교육 사이의 차이점을 느낄 수 있는 부분으로 우리는 초등학교까지는 자녀 교육에 크게 신경을 쓰지 않고 그나마 자유로움을 허락하지만, 중학생이 되는 13세쯤 되면 좋은 대학에 보내기 위해 엄마와 자녀 간에 공부 전쟁이 시작된다. 유대인 부모들의 '기쁜 날'이 우리나라 부모들에게는 '악몽의 시작'으로 우리 청소년들은 이 시기에 똑같이 중2병이 시작되지만 유대인 청소년들은 중2병 없이 사춘기를 무난하게 보낼 수 있는 차이가 시작된다.

유대인이 강한 것은 개개인의 개인적 역량도 뛰어나지만 그들의 서로 돕는 협동심과 단결력이 강하기 때문이다. 고대로부터 이어진 유대인 디아스포라(고국을 떠나 흩어진 사람들) 공동체 수칙의 요점은 "모든 유대인은 그의 형제들을 지키는 보호자이고, 유대인은 모두 한 형제다."라는 것이다. 이러한 유대인의 단결력과 공동체 의식이 자녀 교육의 바탕을 이루고 있다. 우리와 다르게 유대인 자녀 교육의 목표는 사회적 성공에 있지 않다. 자녀를 훌륭한 공동체 구성원으로 만들기 위한 '온전한 인격체'로 키우는 데 있다. 유대인들은 자녀가 공동체 구성원들과 잘 협력하며 지낼 수 있는 품성들, 이를테면 인간에 대한 사랑, 이해, 배려, 공감 능력, 협동심, 자선 등에 대한 가치관을 적극적으로 가르치고 있다. 우리처럼 모든 세대가 다음 세대를 보며 '요즘 젊은 것들은 참 이기적이야.' 이런 걱정을 할 필요가 없는 것이다. 궁극적으로 '나'로 사는 법이 아닌 '우리'로 사는 법, 곧 더불어 사는 법을 자녀에게 가르치는 것이다. 우리나라 정치인들이 말하는 더불어 사는 법과 본질적으로 다르다. 그들의 공동체가 2000년 이상 떠돌이 생활을 했지만, 민족적 동질성을 유지하며 살아남을 수 있었던 것이 '바르 미츠바' 덕분이다.

만 13세부터 우리가 유대인에게 뒤처질 수밖에 없는 이유는 우리는 '베스트인 No.1 되길 원하지만, 유대인들은 '유니크한 존재인 'Only One' 되기를 원한다. 우리에게는 거룩하다는 것은 고급스러움에 가깝지만, 유대인에게 거룩하다는 건 '무리와 떨어져 있다', '남들과 다르다'라는 뜻이다. 유대인들이 생각하기에는 세상에 태어나 각자 자기가 해야 할 일이 따로 있다고 본다. 그래서 유대인 부모들은 자식이 최고가 되는 것을 바라지 않고 남다른 존재가 되는 것을 원한다. 우리도 '베스트'보다는 모든 학생이 '유니크'한 존재가 될 수 있기를 바라는 게 더 좋지 않을까? 이런 바람의 차이로 이스라엘에서는 취업을 위해 공부하지 않고 그 결과 인구 천 명당 1명이 벤처 기업가가 될 수 있었다고 생각한다.

유대인은 성인식 날 세 가지 선물을 받는다고 한다. 첫 번째는 성경 책으로 신 앞에 부끄럽지 않은 책임 있는 인간으로 살라는 뜻이며 두 번째는 시계를 주는데 그 이유는 약속을 잘 지키고 시간을 소중히 아껴 쓰라는 의미이다. 마지막으로 사람들은 성인식의 각별한 의미를 축하해 주기 위해 보통 200~300달러의 축의금을 낸다. 부모와 친척들은 마치 유산을 물려주듯 큰돈을 주는 경우가 많은데 보통 200여 명의 친척이 모인다고 한다. 이때 모인 돈은 수만 달러에서 수십만 달러로 우리 돈으로 5,000만 원에서 이상 되는 돈이다. 자녀는 이 돈을 미래를 위해 일반적으로 주식 투자를 하거나 채권을 사거나 미래를 위해 예금에 묻어 둔다. 벌써 포트폴리오를 배우는 것이다.

여기서 중요한 건 우리는 겨우 10만 원을 주면서도 우리 아이가 엉뚱한 곳에 쓰면 어떻게 하지 고민하는데 유대인들은 13세부터 독립적으로 재테크를 시작한다는 것이다. 유대인들은 이를 잘하기 위해 친구들과 함께 경제 동향과 관심 기업을 조사한다. 경제학 공부를 따로 인식하고 하는 것이 아니라 자연스럽게 공부를 하는 것이다. 성인식 때 받은 돈이 20대가 될 때는 몇 곱절로 불어나 있다. 이때 그들은 대학을 갈 것인지, 그 돈으로 창업을 할 것인지를 결정한다. 대학을 수많은 선택지 중에 하나로 보지 전체로 보지 않는다. 이렇듯 그들은 처음부터 "돈이란 버는 것이 아니라 불리는 것"이라는 것을 금융 투자 실전을 통해 배운다. 그리고 평생 어떻게 버느냐보다는 어떻게 불리느냐로 씨름한다. 부자들이 흔히 하는 말 중에 하나로 "돈을 따라가지 말고 돈이 당신을 따라오게 만드세요."의 비밀이 바로 여기에 있는 것이다.

우리 청소년들이 대학생 되기 위해 수능만을 위해 공부할 때 그들은 열세 살부터 재테크 공부를 하며 돈을 불린다. 그리고 우리가 대학생이 되어 취직을 준비할 때, 그들은 이미 고도의 금융 마인드로 무장되어 자신의 회사를 가지게 된다. TV 다큐멘터리를 보는데 학원비가 매달 60만 원 정도 소비되는데 자녀가 공부를 안 해서 미치려고 하는 엄마가 나왔다. 심지어 어떤 가정은 첫째 학원비만 매달 155만 원을 내기 위해 엄마는 마트에서 아르바이트하고 있다. 이 두 가정이 유대인처럼 그 돈을 잘 모았다가 자녀에게 그 돈을 한 번에 줘서 자신이 하고 싶은 일을 할 수 있도록 해 준다면 좋지 않을까? 그 돈을 한 번에 탕진하면 어떻게 하냐고? 게임을 하거나 도박으로 돈을 탕진하지 않도록 그전에 교육이 필요하다. 이게 진짜 21세기 공부다! 하고 싶은 게 생겼을 때 제대로 그것을 공부할 수 있도록 유도하고 그 공부하기 위해 실제로 행동하기 시작했을 때 비용이 발생한다면 그때 한 번에 돈을 주면 그 돈을 알아서 잘 사용할 수 있을 것이다. 세계 인구 0.2% 인구로 전 세계 억만장자의 30% 차지하는 유대인들의 세계적인 경제 파워는 과연 우연일까? 아니면 돈

교육이 있었기에 가능했을까? 이걸 느껴야 한다. 이 차이가 무서운 차이이자 경쟁력이다.

Chaper 17

작게라도 시작하자

아쉽게도 우리나라에는 '바르 미츠바'라는 것이 없다. 부자들이야, 자식이 태어나는 순간부터 '어떻게 돈을 물려줄까?'를 고민하면서 가장 적게 세금을 내는 방법으로 자식에게 돈을 물려준다. 우리나라에는 부자들한테만 '바르 미츠바'가 존재하는 듯하다. 사람들은 이런 관행을 욕하지만, 당신이 만약 부자라면 저렇게 하지 않을까? 나도 부자가 아니지만, 난 결코 저런 행위가 잘못되었다고 생각하지 않는다. 결국 돈이 돈을 벌어주기에 자본주의 사회에서 당연한 일이라고 생각한다. 돈이 돈을 벌게 해야 한다. 우리는 부자가 아니기에 대한민국 사회에서 '바르 미츠바'를 기대할 수 없기에 부자가 되는 길을 포기해야 할까? 아니다! 10대 시절부터 작게라도 주식을 시작해야 한다.

어떤 주식에 투자하는 게 좋을까? 이걸 유튜브를 통해 <슈퍼개미 김정환>, <슈카월드>, <미주은> 등 주식 유튜버를 보면서 주식 공부를 할 수도 있을 것이다. 내가 추천하는 방법은 자신이 잘 알거나 자신이 좋아하는 기업에 투자하는 걸 추천해 주고 싶다. 자신의 용돈을 활용해서 작게는 천 원, 많게는 10만 원 정도 투자하는 걸 추천한다. 이 돈이 큰돈일 수도 있지만 잃어도 사는데 큰 지장 없는 돈이기에 주식 공부하기에 괜찮은 투자라고 생각한다. 만약에 여러분들의 자녀가 코카콜라를 좋아한다면 코카콜라 주식을 매수하기 전에 자녀에게 "코카콜라 회사가 어떻게 만들어졌는지?" 한 번 찾아보는 걸 숙제를 내 주길 바란다. 그렇다면 여러분들은 코카콜라가 어떻게 만들어졌는지 아는가?

남북전쟁 참전 용사이자 애틀랜타 약사였던 존 펨버턴은 여러 가지 약제들을 조합하는 것을 좋아하는 사람이었다. 어느 날 오후 두통을 경감시킬 응급제를 찾던 중 그의 냄비 안에서 캐러멜색의 향기로운 액체를 섞게 되었다. 그는 그 액체가 완성되자 이웃의 제이콥 약국으로 가지고 갔고 그곳에서 혼합액에 탄산수를 더한 후 약국의 손님들에게 시범으로 맛을 보게 했다. 손님들은 모두 이 새로운 음료를 맛보고 내린 평가는 '특별함'이었다. 결국 제이콥 약국에서 이 음료수를 한 잔에 5센트로 시판하게 되었고 펨버턴의 회계 담당자였던 프랭크 로빈슨이 이 혼합물에 코카-콜라라는 이름을 붙여 자신의 독특한 필체로 음료에 적었고 그 글자가 오늘날 우리가 구매할 때마다 보고 있는 코카콜라다. 코카콜라는 한 약사의 호기심에서 시작된 것이다. 미국에서 시작된 코카콜라는 이제 200여 개 국가에서 판매하고 있으며 1초당 2만 2,000잔이나 팔리고 있다. 존 팸버턴은 코카콜라를 왜 만들었을까? 그는 생각했다. "남북전쟁이 막 끝났는데 지쳐 있는 사람들을 위해 맛도 좋고 약효도 있는 음료를 개발하면 좋지 않을까?"

당신은 내가 왜 주식 투자를 권유하는지 이제 감이 오는가? 지금의 코카콜라 음료가 있을 수 있는 건 엉뚱한 한 사람의 질문이 있었기에 가능한 일이었다. 겨우 천 원 투자로 자녀에게 큰 회사도 '질문'으로부터 시작되었다는 것을 깨닫게 해줄 수 있기에 주식을 권유하는 것이다. 그런데 '주식 투자 없이 그냥 코카콜라가 왜 만들어졌는지 알아보라고 하면 되지 않나?' 이런 생각을 할 수도 있을 것이다. 과연 당신의 자녀가 아무 대가 없이 스스로 찾아볼까?

한 단체를 통해 중학생들과 독서 수업을 한 적이 있다. 독서 수업이지만 책을 좋아하는 학생은 단 한 명도 없었다. 심지어 선생인 나에게 호감을 느끼는 학생도 없었다. 그러니 수업이 제대로 됐겠는가? 제대로 되었다면 그게 이상한 일일 것이다. '어떻게 하면 제대로 된 배움을 줄 수 있을까?'를 고민하다가 '학생들이 먼저 나를 좋아하게 만들어야겠다'라는 생각이 들었다. 그래서 독서는 잠시 미뤄 두고 학생들이 평소에 하고 싶어 했던 것들을 하나씩 들어주기 시작했다. "오늘은 너희가 하고 싶은 걸 할 거야! 뭘 하고 싶니?"라는 질문에 처음에는 학생들이 "진짜요? 거짓말!"이라고 말했지만 무조건 들어준다는 내 말에 학생들은 "너무 피곤해요. 잠이 부족해요."라고 말하는 것이다. 학교 공부, 학원 공부, 학교 숙제, 학원 숙제에 아이들이 지쳐 있었다. 그래서 바로 불을 꺼줬다. 그리고 '잘 자'라고 이야기해 주고 먼저 엎드려 줬다. 아이들이 진짜 잠들 수 있게 말이다. 그러자 학생들은 나를 신뢰하게 되었고 그 뒤부터는 수업하는 3시간 동안 웃음꽃이 사라지지 않았다.

그러던 어느 날, 한 학생이 "선생님 도박은 왜 하는 거예요?"라는 질문을 던졌고 그 이유를 알려 주겠다며 다음 시간에 고스톱을 챙겨 갔다. 학생들에게 '섯다'를 알려 주었고 처음에는 돈 없이 그냥 게임을 진행했다. 몇 번 게임을 진행하고 나자 학생들은 "이거 무슨 재미로 하는 거예요? 그만하고 싶은데요?"라고 말하기에 그때부터 학생들에게 돈을 조금씩 나눠줬다. 오해하지 않길 바란다. 진짜 도박한 게 아니다. 진짜 돈이 아닌 부루마블 돈을 나눠줬다. 부루마블 돈을 받은 아이들은 어떻게 되었을까? 그때부터 눈이 뒤집혀서 한탕하기 위해 마음껏 배팅하기 시작했다. 학생들의 흥분감이 절정이 되었을 때, 게임을 중단시켰더니 학생들은 나를 죽일 듯이 쳐다봤다. 아직 죽고 싶지 않았기에 살기 위해 학생들에게 "사람들이 도박이 재미있어서 했던 걸까? 돈에 대해 배운 적이 없기에 유일하게 돈으로 돈을 따는 방법이라고 생각해서 사람들이 도박에 '돈' 때문에 도는 거야"

그렇다 도박하기 위해 사용되는 그 게임 자체는 재미가 없다. 그런데 신기하게도 돈이 투입되는 순간 재미를 넘어 도박에 열광하게 되는 것이다. 여기서 학부모들은 '저, 선생 미친 거 아니야?'라고 생각할 수도 있을 것이다. 그런데 그 뒤로 학생들은 도박에 '도'자도 꺼내지 않았다. 대신 생각이라는 것을 하기 시작했다. '내가 가진 어떤 재능으로 돈을 벌 수 있을까?' 위에서 말했듯이 우리나라에는 유대인처럼 '바르 미츠바'가 없다. 자녀에게 어마어마한 재산을 물려줄 수 없다면 지금 당장 주식 앱을 통해 코카콜라에 투자할 수 있도록 도와주길 바란다.

Chapter 18

잘하기 위해

주식을 잘하기 위해서는 뭐가 필요할까? 주식을 통해 성과를 내기 위해서는 자본(돈), 전략, 시간이 필요하다. 앞에서 말했던 것처럼 100만 원을 투자해 25%의 수익을 내고 이걸 40번 반복하면 무려 75억이 된다. 현실적으로 불가능에 가까운 일이지만 이 일이 현실이 되기 위해서는 크든 작든 돈이 필요하다. 그리고 25%의 수익을 40번 반복하기 위해서는 전략적으로 기업을 분석해서 그런 기업을 찾아내 투자해야 한다. 마지막으로 25%의 수익을 40번 반복할 수 있도록 기다림의 미학이 필요하다. 이게 가능했던 기업이 있을까? 이 글 마지막에서 알아보기로 하자!

기업도 주식을 통해 자신의 가치를 증명할 수 있도록 시간을 허락하는데 우리는 청소년들이 자신의 가치를 증명할 수 있도록 왜 시간을 허락하지 않는 것일까? 우리 청소년들한테도 자신의 가치를 증명할 수 있도록 돈, 전략, 시간을 선물해 줘야 한다. 감사하게도 21세기는 유튜브와 책 덕분에 자본 없이도 공부를 할 수 있는 시대가 되었으니 청소년들이 자신이 하고 싶은 공부를 하기 위해 전략과 시간만 잘 활용하면 된다. 대신 학원비의 1/10만 학생들에게 투자해서 꾸준히 주식 투자를 통해 기업과 세계 변화에 관심을 가질 수 있도록 유도해 주길 바란다.

전략을 제대로 짜기 위해서는 올바른 방향, 제대로 된 목적이 필요하다. 우리는 열심히만 하면 성공할 수 있다고 배우지만 목적 없는 '열심'은 헛수고에 지나지 않는다. 만약 목적과 전략 없이 관심사를 선택하라고 하면 청소년들은 무조건 재미있는 것만 선택하게 될 것이다. 이게 나쁘다는 것이 아니지만 당장 쉬운 것, 당장 재미있어 보이는 것, 당장 유망하고 뭔가 있어 보이는 것만 선택하게 될 것이다. 그 결과 축구선수, 유튜버, 프로게이머, 댄서, 연예인 등 현재 자기 눈에 보이는 것 중에서 선택할 수밖에 없다. <쇼미더머니>가 유행하면 래퍼를 꿈꾸고, <미스터트롯>이 유행하면 트로트를 꿈꾸는 것처럼 말이다. 이제는 스우파 덕분에 댄서들을 꿈꾸는 청소년들이 많아졌겠지?

청소년을 자녀로 둔 엄마들이 카페에 가면 좋은 학원, 과외 이야기뿐이다. 그 선생들의 실력이 좋다고 우리 자녀와 잘 맞는다고 할 수 없으며 잘 맞는다고 한들 우리 아이를 위한 공부가 아니기 때문에 잘하면 오히려 길을 잃게 된다! 선생한테 의존하게 되기에 선생의 실력만 늘 뿐이다. 만약 우리 아이가 못 따라가면, 선생님은 전문가고 잘 가르치는 선생이기 때문에 우리 아이가 문제라고만 생각한다. 족집게 과외, 끼워서 맞추기식 공부는 주식 리딩방과 다를 게 하나도 없다. 주식 리딩방의 정보는 신기하게도 틀린 말은 아니지만 올바른 말도 아니다. 특히 대선이 다가오면 <대선주>와 관련된 주식 문자가 정말 많이 온다. 유력한 후보의 출신 지역, 대학 등을 이야기하면서 같은 지역, 대학 출신의 회사가 뜰 것이라고 이야기한다. 맞는 말이지만 올바른 말이 아니기에 이런 정보 때문에 주식이 오르지는 않는다! 만약 오르면 다른 이유가 있어서 오른 건데 리딩방 강사는 자기가 잘 알려줘서 그렇게 됐다고 말하는 것처럼 족집게 과외도 학생이 다른 이유로 성적을 잘 받았을 수도 있는데 성적이 오르면 과외 선생은 자신이 잘 가르쳐서 성적이 올랐다고 이야기할 것이고 그럼 학생과 부모는 과외 선생을 맹신하게 된다. 이렇게 오른 성적이 진짜 내 성적일까? 올바른 공부라고 할 수 있을까?

극소수만 아는 특급 정보를 나한테 준다고? 그럼 사기일 확률 58,000%다! 조금만 이성적으로 생각해 보면 대선주? 대통령과 그 회사가 같은 대학 동문인 건 알겠지만 일면식도 없고 20년 이상 차이 나는 선후배인데 무슨 상관이 있을까? 마찬가지로 다람쥐 쳇바퀴 돌듯 서울대 출신이 다시 서울대 타이틀을 달고 과외를 하는데 부모들은 SKY 대학 출신 과외 선생이 우리 동네에 있다면 난리를 친다! 그리고 엄청 소문을 내준다! 그런데 이렇게 생각해야 하지 않을까? 'SKY 대학까지 나와서 과외를?' 이걸 난리 쳐야 한다! 우리 아이가 서울대 나와서 과외 선생이 되길 원하는가? 이렇게 되면 노발대발할 거면서 말이다! 이 사기적인 쳇바퀴를 얼른 눈치채야 한다! 그리고 하루라도 빨리 쳇바퀴에서 내려올 수 있어야 한다.

학원비? 과외비? 좋아하는 종목에 투자할 수 있도록 초기 자금으로 주자! 더 열심히 공부할 수 있도록 말이다! 공부하면 성과가 있고 활용할 수 있다는 걸 느낄 수 있도록 해 줘야 한다! 주식이 중요한 게 아니라 내가 좋아하는 일로 돈을 벌 수 있고 가치 있는 곳에 투자, 그 기업을 응원하고 지켜보는 게 공부다! 축구팀, 야구팀을 응원하고 좋아하는 것처럼, 자신이 좋아하는 기업을 응원하기 위해 말이다. 주식의 대가 워런 버핏이 말했듯이 내가 잘 알고 내가 좋아하는 곳에 투자를 할 수 있도록 해보자. 현재 성과도 좋으면서 미래에도 계속 투자 가치가 있는 기업에 장기 투자해야 하듯, 공부도 내가 잘 알고 내가 좋아하고 현재 성과도 좋으면서 미래에도 계속 공부에 투자할 수 있는 곳에 장기적으로 공부해야 한다!

2000년 이후 주가가 가장 많이 오른 미국 상장사는 수익률이 무려 6만 2,444%에 달한다. 당시 100달러(약 11만 원)를 투자했다면 6만 2,555달러(약 7,230만 원)를 손에 쥐게 된 것이다. 만약 100만 원을 투자했다면 약 6억 5,000만 원이 된 것이다. 위에서 말한 75억에는 1/10에도 못 미치지만 그래도 대단하지 않은가? 이 회사는 몬스터베버리지로 에너지 음료를 만드는 곳이다. 수익률 2위는 넷플

릭스로 20년 전보다 2만 3,071% 상승했는데 이 회사는 2002년 5월 23일 상장 당시 주당 1.21달러에 거래됐는데 현재는 주당 280달러를 웃돈다.

Chaper 19

부정당하면 고개만 끄덕이자

제대로 된 공부를 하고 있지 않다면 과외와 학원을 많이 다닐 수밖에 없다. 오늘도 엄마들과 이야기할 기회가 생겨 내가 생각하는 공부에 대해 1시간 정도 이야기를 해 드렸더니 "맞는 말이고 대단하긴 한데, 당신이 말한 방법대로 했는데 실패하면? 그럼 어떡해요?"라고 반문했다. 그러면서 나에게 "미래가 두렵지 않아요?"라고 질문을 했는데 나는 더 성장해 있을 내 모습이 기대된다고 말씀드렸다. 여전히 기성세대는 대학을 통해 취업하는 것이 유일한 방법이며 안전한 방법이라고 생각한다. 나의 이야기에 어느 정도 공감은 하지만 너무 진취적이라며 획기적인 발상이라고 생각한다. 그런데 잘 생각해 보길 바란다. 내 삶의 목적 없이 오로지 대학을 가기 위해 12년 공부하고 그 성적에 맞춰 대학을 선택하는 길은 실패하지 않은 길인가? 미래가 보장되는 안전한 길인가? 대기업에 취업이 되었다고 한들 진정 내가 하고 싶은 일이 아니라면 나는 16년이나 투자해서 얻는 대가치고 너무 가혹하고 너무 암울한 길 이리는 생각밖에 들지 않는다. 내가 말하는 공부 방법이 수학의 답처럼 답이 딱딱 보이지 않는 건 사실이다. 기존의 길을 따라가는 것이 아닌 자기만의 길을 개척하는 것이기 때문에 어떻게 보면 막막한 길을 선택하는 것처럼 보일 수 있다. 그런데 내가 앞으로 추가로 말해 주는 방법까지 더해서 만약 대학을 가기 위한 공부 + 대학 4년을 합친 16년 동안 공부할 수 있는 기회를 준다면 어느 쪽이 더 미래가 보장되는 안전한 길일까?

우리는 너무 쉽게 '해 봤다'라고 이야기한다. 겨우 한 달, 많게는 6개월 정도 해 보고 '내가 해 봤는데 그건 어차피 안 돼'라고 말하는 사람들이 너무 많다. 여전히 이런 생각으로 사로잡혀 있다면 지금 당장 도서관으로 뛰어가서 만화로 된 위인전 몇 권만 읽어 보길 바란다. 그들은 이미 이루어진 일이 아니라 아직 이루어지지 않은 일을 시작했던 사람들이고 처음부터 남에게 맡기지 않고 일단 스스로 시도해 보고될 때까지 도전했기에 그들이 위인이라는 칭호를 얻을 수 있었다. 그런데 그 위인들이 있던 시대보다 우리 시대는 엄청난 문명의 혜택인 스마트폰을 다들 손에 하나씩 쥐고 있지 않은가! 이 시대의 혜택을 활용해 만들어 낼 수 있는 것을 생각할 수 있어야 된다. 남이 하지 않는 일을 직접 시도해 봐야 한다. 성공하지 못했다면 에디슨처럼 다음엔 어떻게 하면 가능할지 생각하며 계속 도전하는 정신이 우리에게 필요하다. 우리 시대에는 고분고분 성실하기 보다 '자기의 생각'을 우선시하는 사람들이 필요하다.

지금 막연하게 대학을 가기 위해 공부하는 건 대학까지 가기 위한 '퀘스트(온라인 게임에서 이용자가 수행해야 하는 임무)'일 뿐이다. 대학을 가기 위해 준비하는 동안은 대단해 보이고 열심히 하는 것처럼 보이지만, 대학 이후의 계획이 없기에 그냥 낭떠러지를 향해 달려가는 것뿐이다. 돈이 없다고 알바를 4개 하는 것과 똑같은 짓이다. 몸이 지치고 망가진다! 이건 돈을 좇는 일이다! 돈이 돈을 벌게 해야지 내가 돈을 벌게 하면 안 된다! 공부도 내가 쫓아가면 결국 잡지 못해 지치게 된다! 공부가 공부할 수 있도록 만들어야 한다! 이건 내가 하고 싶은 공부를 하지 못하면 절대 불가능한 일이다!

좋아하는 일을 하며 살아가는 건 불가능하다고? 이 말을 믿기 때문에 그렇게 된 것이다. 좋아하는 일을 그만두라는 말을 듣게 된다면 이제 무시하고 내가 말하는 공부 방법대로 한 번 도전해 보길 바란다. 성적이 구멍이 났다고 과외를 찾는 일은 그만하자. 구멍을 때우지 말자. 구멍이 계속 나는 이유를 파악해야 한다. 구멍이 계속 나는 이유가 바퀴 틀이 잘못되어서 계속 구멍 나는 것일 수도 있다는 것을 깨달아야 한다. 그렇다면 이때는 틀 자체를 바꿔야 한다! 스마트폰을 고치는 비용이나 최신 스마트폰으로 변경하는 가격이 비슷하다면 최신 스마트폰으로 바꾸지 않고 기존 스마트폰을 사용하는 건 멍청한 짓 아닌가? 그런데 여전히 스마트폰을 고치듯 우리 자녀 성적을 올리기 위해 좋은 학원을 찾는, 낡은 교육에서 최상위 등급이 되기 위해 사용하는 비용, 최신 트렌드에 맞는 방법으로 공부하는 비용이랑 비슷하다면 뭘 선택해야 할까? 당연히 최신 트렌드에 맞게 공부하는 게 맞다. 그런데 더 대박은 최신 공부 방법이 기존 공부 방법보다 100배는 더 저렴하다면? 바보가 아닌 이상 최신 공부 방법을 선택해야 한다!!!

 기존의 공부, 이때까지 노력? 남의 것이었다고 생각하고 이제 자기 공부하자! 편할 것 같은 일이 아니라 스스로 즐거움을 느낄 수 있을 것 같은 그 무엇인가를 선택해야 한다. 무턱대고 빚투하는 젊은 청년들이 한심한가? 그런데 무턱대고 빚학(빚내고 학원 보내는)하는 건 괜찮고? 지금 본인 자녀들의 학교 성적을 올리기 위해 학원과 자녀만 쳐다보지 말고 대학만을 공부했던 대학 졸업을 앞둔 청년들을 바라보길 바란다. 그들은 그렇게 열심히 대학만을 위해 공부했는데 앞길이 막막하고 졸업하는 걸 두려워한다. 20대 넘어서 당신의 자녀가 망했다고 생각하는 꼴을 보고 싶은가? 그때는 변화되는 게 거의 불가능하다. 거의 불가능하다고 하는 건 불가능하지는 않지만 10대 시절과 비교를 한다면 비교도 안 될 만큼 더 큰 노력이 필요할 것이다. 당신의 자녀가 20대가 됐을 때 '난 뭘 해도 안 되는 인간'이라고 생각하게 만들지 말자!

 "학창 시절 내가 공부를 잘못해서 내가 이렇게 사는 거니 우리 아이는 무조건 공부를 잘해야 해!" 여전히 잘못된 생각만 하고 있는데 당신이 어떻게 해도 안 된 그 공부(나에게 맞지 않아서) 당신의 유전자를 물려받은 당신의 자녀가 잘 할 수 있겠는가? 잘 할 수 있게 인위적으로 만들기 위해 돈, 구박, 자녀와의 트러블, 숨 막히는 짓의 연속일 뿐이다. 일단 빚학부터 포기하자. 유튜브와 독서는 무이자 대출과 같다! 아무리 빌려도 이자가 아니라 원금도 갚을 필요가 없다. 금수저나 자신이 하고 싶은 공부를 쉽게 찾고 쉽게 실력이 느는 친구들과 비교해서 위축되지 말자! 현 상태를 정확히 파악하고 인정하고 받아들이는 것이 정말 중요하다.

    학교 선생님들은 성적 이외의 질문을 하면 자신을 공격하거나 수업을 방해한다고 생각한다. 그래서 질문을 많이 하는 학생을 삐딱한 학생, 매사에 부정적인 학생이라는 프레임을 씌워준다. 정해진 틀에 맞춰서 하는 공부 속에서는 이해는 필요 없다. 그냥 선생을 정적으로 믿고 달달달 외우고 시험만 잘 치면 된다! 드라마 <SKY캐슬>의 대사처럼 "전적으로 저를 믿으셔야 합니다."를 강요하고 있는 지금의 공부는 신흥 종교라고 생각한다. 대학이라는 신흥 종교에 빠져 현실 감각이 없는 상태로 우리 청소년들을 치열한 세계로 뛰어들게 만들 것인가? 무조건 믿고 따라가야 하는 길은 자신의 신념을 믿는 것이다. 과거 시스템에 매이지 않고 스스로 나아갈 길을 결정하고 가벼운 마음으로 쓸데없는 일을 해 봤으면 한다. 고분고분하고 성실을 더 이상 미덕으로 생각하지 말고 '자기의 생각'을 우선시했으면 한다. 정기적으로 '지금부터 하고 싶은 일'을 생각할 수 있도록 허락해 주자. 중도 포기해도 괜찮으니 일단 좋아하는 일을 몇 가지든 시작해 볼 수 있도록 기회를 주자. 무엇이 되고 싶은가가 아닌 무엇을 하고 싶은지를 생각할 수 있게 말이다.

Chaper 20

공부의 시작은 질문이다
(삼성 직원과 삼성 회장의 차이)

    무엇이 되고 싶은가가 아닌 무엇을 하고 싶은지를 생각하기 위해 일단 좋아하는 걸 찾아야 한다. '난 무엇을 좋아할까?' 단순한 질문인 것 같지만 의외로 사람들은 자신이 무엇을 좋아하는지 잘 알지 못한다. 자신이 무엇을 좋아하는지 잘 알지 못하는 이유 중 하나는 현재 자신이 하는 일이 스스로 선택해서 했던 게 아니라 대한민국이 정해 놓은 틀을 따라가기에 급급해서 하고 있기 때문이다. 그것도 정신없이 말이다. 그러니 스스로 돌아봐서 내가 뭘 좋아하는지 생각할 여유가 없다. 만약 여유가 생겨 질문이 떠오르게 되더라도 자신이 했던 그 질문이 형편없다고 생각하기에 그 질문을 그냥 흘려보낸다.

    그런데, 우리가 위대한 인물이라고 생각하는 분들의 첫 질문도

다 위대했을까? 과연 동시대에 살았던 사람들도 그들을 우리처럼 위대한 인물이라고 생각하고 추앙했을까? 추앙은커녕 그 인물을 정신병자 취급하며 손가락질하기 바빴다. 위인이라고 하긴 어렵겠지만 MBC <무한도전>을 통해 정신없이 떠드는 퀵 마우스로 '저런 사람도 있구나'를 생각하게 만든 방송인 노홍철은 인천 문학 경기장에서 열린 '청춘아레나 2018'에서 한 여성에게 질문을 받는다. 그 질문은 "돈을 많이 버는 직업을 해야 할지, 아니면 그냥 돈은 못 벌어도 제가 하고 싶은 걸 해야 할지 잘 모르겠어서……." 이었다. 이 질문을 들은 노홍철은 "그건 너무 쉬운 얘기인데, 하고 싶은 걸 해서 돈을 많이 벌어야죠."

"이게 말이 쉽지, 현실적으로 가능한 일이야? 역시 노홍철은 미친놈이야!"라는 생각이 드는가? 그냥 생각 없이 말을 내뱉는 사람으로 보이는가? 노홍철이 24살 때 여행을 너무 좋아했었는데 좋아하는 걸로 돈을 벌고 싶었다고 한다. 그래서 그는 무일푼으로 여행사를 차렸다. 24살 때 돈이 어디 있겠는가? 돈이 없으니 여행사를 차리는 일반적인 방법을 선택하지 않았다. 대신 본인한테 '그럼, 어떻게 하면 무일푼으로 여행사를 차릴 수 있을까?'라는 질문을 던지고 해답을 찾을 때까지 끝없이 생각했을 것이다. 노홍철이 정해진 길대로만 가려고 했다면 이런 발상을 할 수 없었을 것이다.

돈이 없던 노홍철은 손 벌리고 싶지 않았고 부모한테 피해주고 싶지 않았다고 한다. 그래서 그는 종로에서 가장 잘 되는 여행사를 찾아내서 그 여행사를 계속 찾아갔다고 한다. 미친놈처럼 계속 찾아간 결과 사장님이 노홍철을 만나 줬고 그 만남을 통해 노홍철은 그 사람이 갖고 있던 방식으로 여행 상품을 만들어서 대박 쳤다. 그 결과 1년 뒤 25살 때 그의 아버지가 삼성전자 부장이었는데 아버지의 연봉을 뛰어넘었다고 한다. 노홍철은 아빠한테 용돈을 주며 "아버지 인생은 60대부터예요. 즐기세요."라고 얘기했던 기억이 생생하게 난다고 말했다. 노홍철은 말한다. "자기가 좋아하는 일을 해야 돈이 따라와요. 대신, 정말 좋아해야 해요."

노홍철 아버지가 삼성전자 부장으로 근무했던 시대 때 '삼성은 초일류 기업이다.'라고 했을 때 말도 안 되는 소리라고 하는 사람은 없을 것이다. 그런데 이건희 회장이(그 당시 45세) 삼성 그룹 회장으로 취임했던 1987년 당시에는 삼성을 초일류 기업이라고 생각했던 사람은 단 한 명도 없었을 것이다. 이건희 회장은 삼성 그룹 후계자로 임명이 되면서 가장 먼저 삼성 그룹의 체질 개선에 돌입했다. 그 당시 삼성전자의 수준은 어땠을까? JTBC 드라마 <재벌집 막내아들>에서 진양철(이성민 배우)회장과 진영기(윤제문배우) 순양전자 부사장의 대화하는 장면을 보면 그때 상황을 짐작할 수 있다. 진양철 회장은 "어이 봐라. 순양전자 부사장, 니 함 대답 해 봐라. 전자 올해 매출이 얼매고?" 이에 진영기 순양전자 부사장은 "2조 3천억입니다. 지난해보다 15% 상승……" 결코 작은 매출은 아니었다. 그런데 진양철 회장은 "일본 아들은?"라는 질문을 비서에게 던졌고 비서는 "h사가 26조 5천억, t사가 20조 원으로 둘 다 우리 10배가 넘습니다." 이에 진양철 회장은 "우리 부사장 말이 맞네. 으이? 국산이 아직 일제한테 안 되네. 맞나?"라고 다시 진영기에게 질문을 하자 그는 "그래도 국내 1위입니다. 백색 가전 분야에서 국내 1위를 놓친 적은 한 번도 없습니다. 아버지." 이에 진양철 회장은 "국내⋯⋯ 1위? 니 어디 전국체전 나가나?"라고 말하며 화를 참지 못한다.

    그 당시 삼성은 일본, 미국 기업의 제품을 모방하기에 급급한 추격자 신세였다. 어느 날 이건희 회장은 '세탁기 사건'이라고 불리는 한 비디오를 보게 된다. 비디오에는 삼성전자의 불량 세탁기의 조립 과정을 촬영한 20분가량의 영상이 담겨 있었는데 영상 속에는 생산 라인의 직원들이 세탁기 뚜껑 여닫이 부분이 맞지 않자 즉석에서 칼로 2mm를 깎아 내곤 대충 조립하는 장면이 나온다. 이를 본 이건희는 극대노 하며 곧바로 비서에게 전화를 걸어 사장들과 임원들을 전부 프랑크푸르트로 모이게 했다. 이제부터 회장인 그가 직접 나서기 위함이었다. 이건희의 불호령에 200여 명의 삼성 수뇌부가 프랑크푸르트로 달려왔고 이건희 회장은 만 5년 동안 계속 "불량 안 된다, 불량 안 된다. 모든 것은 양을 지양하고 질을 향해라." 이건희는 삼성 직원들을 향해 뼈를 깎는 변화를 주문했다. 어느 정도 변화를 주문했을까? 바꾸려면 철저히 바뀌어야 한다며 극단적으로 얘기해 농담이 아니라 마누라랑 자식 빼고 다 바꿀 것을 주문했다. 그런데 우리는 마누라만 빼고 자식만 변화되길 원하고 있는 것 같다. 그가 말하길 "불량이 나오면 100명 중 50명은 다시는 사지 않는다."라고 말하며 1,800여 명을 대상으로 '신경영' 특강을 이어갔다.

임직원들과 나눈 대화 시간은 250시간으로 이를 풀어쓰면 A4용지 8,500장에 이른다. 그 뒤로는 생산 현장에서 불량이 생기면 일단 라인을 정지하고 불량 발생 원인을 해결한 뒤 재가동하는 '라인 스톱제'를 운영하여 불량률은 대폭 감소하게 되었다.

1987년 12월 삼성 그룹 2대 회장에 취임한 이건희 회장은 '신경영'을 통해 "제2의 창업을 엄숙히 선언하면서 그것의 조건으로 삼성의 체질을 더욱 굳세게 다지어 세계 초일류 기업으로 키워나갈 것을 선언한다. 그러면서 그는 질문을 던졌다. "삼성이 초일류 기업이 되지 못하는 이유가 무엇일까?" 이건희 회장이 이런 질문을 던지게 된 것은 국내에 안주해 온 타성을 벗어던지고 세계 무대에서의 경쟁력을 길러야 한다는 절박함이 배경이 된 것이다. 지금 당신도 자녀를 바라보며 절박함이 있지 않은가? 그 절박함이 있다면 지금 자녀를 바라보는 시각을 바꿔야 한다.

노홍철과 이건희 회장은 질문을 통해 어떻게 발전할 수 있을까를 고민했다면 당신의 자녀도 질문을 던질 수 있는 기회를 선물해 줘야 한다. 스스로 던진 그 질문을 통해 어떻게 제대로 된 공부를 할 수 있을까를 고민할 수 있게 해 줘야 한다. 우리의 교육은 여전히 학교 공부 12년 열심히 해도 영어 한마디 할 수 없는 수준이라면 우리 교육에 '신경영'이 필요하다고 느끼는 것이 당연한 일 아닌가? 이건희 회장에 대해 더 알고 싶다면 1997년에 그가 출가한 자서전 '생각 좀 하며 세상을 보자'를 읽어 보길 바란다.

PART 3

**질문을 통해
답을 찾는 게 어려운 이유**

Chaper 21

 인풋만 있고
아웃풋이 없다

지금은 보기 힘들지만, 예전에는 지하수를 수동 펌프로 뽑아 올려 물을 사용했다. 이때 물을 뽑아 올리기 위해 '마중물'이라는 게 필요했는데 마중물은 물을 끌어올리기 위하여 위에서 붓는 물로 한두 바가지 물을 펌프에 붓고 펌프질하면 수압 차이에 의해 물이 올라오게 된다. 수동 펌프의 물을 '아웃풋'하기 위해 인풋이 필요하듯 우리도 생각을 확장하기 위해 어느 정도의 인풋이 필요하다. 그런데 내가 생각하는 우리나라 교육의 최고 문제점은 인풋만 있다는 것이다. 언뜻 보면 인풋과 아웃풋이 공존하는 것처럼 보이지만 배운 내용을 토대로 시험으로 등수를 나누기 위한 시스템만 있을 뿐 배운 내용을 통해 실제로 어떻게 적용할 수 있을지를 전혀 배우지 못하고 있다. 실제로 수학 시간에 "선생님은 이차 방정식을 통해 실생활에 적용해 본 적이 있나요?"라고 물어봤다가 지금 반항하는 거냐며 엄청나게 혼났던 기억이 난다. 진심으로 반항하기 위해 저런 질문을 던진 게 아니었다. 진심으로 궁금했다. 내가 지금 배우고 있는 것들이 내 삶에 어떤 도움이 될지 말이다. 모두가 동의하듯 시험만 끝나면 배운 내용을 다 잊어버리지 않는가! 그 이유는 제대로 된 아웃풋이 없기 때문이다.

수학 문제만 보더라도 알 수 있듯 이미 답이 나와 있는 문제를 빠르고 정확하게 푸는 걸 수학을 잘하는 척도로 생각한다. 내가 초등학생 시절 뉴스에서 '한국 초등학생들은 산수를 잘하는데 미국 초등학생들은 산수를 못 한다'라는 내용을 본 적 있다. 왜 미국 초등학생들은 산수를 잘하지 못했을까? 그 이유는 간단했다. 계산기가 있었기에 계산기를 활용해서 산수를 하면 된다. 그때는 슈퍼마켓에서 계산기 또는 직접 머리로 계산해야 했기에 계산기 사용하는 게 능숙하지 못했다면 산수를 잘하는 게 중요했을 수도 있다. 그런데 이제는 편의점, 카페, 식당, 호텔 등 어딜 가도 기계가 알아서 계산해 준다. 심지어 이제는 스마트폰이 나왔다. 그런데 우리는 여전히 계산기, 스마트폰을 놔두고 여전히 수학 문제를 빠르면서 정확하게 푸는 학생만 찾고 있는 게 참 안타깝다. 이런 상황만 보면 우리나라에는 스마트폰이 전혀 필요 없어 보인다.

이제는 문제에 다가가는 공부를 해야 한다. 수학 문제에 다가가는 공부가 아니라 세상에 널려 있는 문제를 해결하기 위해 다가가는 공부 말이다. 그 문제를 해결하기 위해 수학 공식이 필요하다면 스마트폰을 활용해서 그 문제를 풀 수 있다고 알려 주면 된다. 굳이 내가 직접 다 계산할 필요 없이 말이다. 우리 학생들이 이제는 '이걸 배워서 어디에 써먹을 수 있는지?'를 느낄 수 있어야 한다. 박정희 대통령은 정주영 회장에게 "정 회장은 소학교밖에 안 나왔는데 어떻게 대학 출신 직원들을 그렇게 잘 다루는 거요?"라는 질문을 던진 적이 있다. 신기하면서도 약간은 정주영 회장을 놀리기 위한 질문이었던 것 같다. 그러자 정주영 회장은 어깨를 쭉 펴더니 섭섭한 표정으로 "저도 신문대학 나왔습니다. 저는 소학교(지금의 초등학교) 시절부터 지금까지 신문을 누구보다 열심히 읽었습니다. 첫 장부터 마지막 장까지 글자 하나 빼놓지 않고 읽은 사람은 저밖에 없을 겁니다. 정치, 사회, 문화는 물론이고 광고까지 다 읽었지요. 신문에는 문필가, 철학자, 경제학자, 종교학자 같은 유명 인사들의 글이 매일 실리지 않습니까? 그분들이 다 나의 스승입니다. 그러니 명문대학보다 신문대학 출신이 한 수 위지요." 그 말에 박 대통령은 고개를 끄덕였다. 정주영 회장이 현대를 만들 수 있었던 건 단지 시대를 잘 타고났기 때문일까? 그렇다면 그 당시의 가난했던 수많은 사람 중 정주영 회장만 왜 현대라는 기업을 만들 수 있었을까? 내가 생각하기에 오히려 소학교밖에 나오지 않았기에 가능했던 일이라고 생각한다. 자신이 늘 배움이 부족했다고 느꼈기에 다른 사람들보다 더 치열하게 배워야겠다는 확고한 의지가 신문의 한 글자도 놓치지 않고 읽을 수 있게 만든 것이다. 그리고 이미 답이 정해져 있는 교과서를 보지 않기에 가능했다고 생각한다. 그 대신 동시대에 가장 똑똑한 사람들의 생각, 동시대의 살아 있는 정보들을 매일매일 습득했던 습관 덕분에 현대를 만들 수 있었다고 본다.

　현대를 살아가는 한국의 국민 MC 유재석도 매일 아침 신문을 본다고 한다. 그렇기에 어떤 게스트가 나와도 그들이 하는 분야의 지식과 정보를 어느 정도 알고 있기에 대화가 가능한 것이다. 그것과 더불어 유재석의 공감 능력과 친화력 덕분에 <유퀴즈>가 국민 토크쇼가 될 수 있었다. 그런데 지금은 신문대학보다 스마트폰 대학이 몇 수는 위에 있다고 본다. 신문은 항상 휴대하기 힘들고 정보가 한정되어 있지만 스마트폰은 잠들기 직전까지 손에 붙들고 있지 않은가? 그리고 항상 머리맡에 스마트폰을 두기에 내가 원하는 정보와 지식을 스마트폰을 통해 무한정으로 얻을 수 있다.

　현재 학교 공부 시스템을 바꾸기 위해서는 가장 먼저 생기부(학교생활기록부)가 바뀌어야 한다고 생각한다. 생기부는 초-중-고등학생의 학적을 기록한 장부를 말한다. 대학을 가기 위해 가장 중요한 게 생기부이다 보니 완벽한 생기부를 만들어 내기 위해 우리 사회는 엄청난 시간과 비용을 투자하고 있다. 생기부의 최고 약점은 과정보다는 결과가 중요하다는 것이다. 왜, 어떻게 했다는 중요하지 않다. 그냥 결과적으로 "했다"만 중요하다. 자신의 내실을 잘 다녀야 할 청소년 시절에 내신만 충실히 다지고 있는 게 참으로 안타깝다.

　난 유튜브 채널 중 이천수 선수가 운영하고 있는 <리춘수>를 자주 본다. 그중 <명보야 밥먹자>라는 시리즈를 좋아한다. 35번째 게스트로 친구인 대한민국 전 축구 국가대표였던 최태욱 코치가 나왔다. 그편을 보면서 많은 공감을 했는데 최태욱 코치가 말하길 "우리 한국은 유소년 선수들이 어렸을 때 12~15세 때는 제일 잘한다고 그래 유럽 사람들이. 근데 고등학교, 대학교 가는 순간 선수들이 왜 실력이 거꾸로 가는 거지?"라는 의문을 던진다고 한다. 딱 우리 교육이랑 똑같다고 본다. 청소년 시절까지 국제수학올림피아드, 국제과학올림피아드에서 상위권을 기록하지만, 대학만 가면 평범해지다 못해 순위 근처에도 보이지 않는다.

최태욱 코치가 계속 말하길 "내가 유소년에도 있었잖아. 일본하고만 비교했을 때 우리는 지금 일본을 따라가고 있는 것만 해도 기적이야. 솔직하게." 그가 말하길 일본은 유소년팀이 15,000개가 넘는데 우리는 800개 정도밖에 되지 않는다고 한다. 20~30배 차이가 나는데 한국에서 좋은 선수가 나온다는 게 축복받은 축구 DNA가 있다는 것이다. 최태욱 코치가 말하는 한국의 유소년 축구 시스템의 문제점은 "내가 유소년에 있을 때 느낀 건 뭐냐면 우리 어렸을 때 하고 다르지 않아. 고등학교 때 8강 티켓, 4강 티켓, 있는데 대학에 진학하려면 이게 꼭 필요해. "지금은 없지?"라고 이천수가 물어보자 최태욱 코치는 "지금도 있어"라고 답했다. "우리 때 있던 게 지금도 있어?"라며 이천수는 크게 놀라워했다. 이어서 최태욱 코치가 말하길 "그러다 보니깐 고등학교 지도자들은 춘계대회 한 번, 그다음에 추계대회 두 번, 이렇게 총 3개의 대회밖에 없는데 여기에서 8

강~4강에 들어야 해. 그렇지 않으면 애들이 좋은 대학교로 갈 수 없어. 진학을 할 수가 없어" 어쩜 이렇게 우리나라는 청소년을 위한 모든 시스템이 과거에 머물고만 있는지 참 안타깝다. 최태욱 코치는 "그래서 고등학교 지도자들이 평가받는 거는 어떻게 진학을 시키냐에 대해서 평가를 받아. 어떤 좋은 축구를 하냐가 아니라, 그러다 보니까 어린 유소년 친구들이 고등학교 때 배워야 될 것들이 있는데 (빌드 업도 배워야 되고) 배워야 할 그 시기 때 이기는 축구만 배워. 계속 신문에서 나오잖아. 이기는 축구만 한다고 위험할 때도 그냥 걷어내는 거야. 안전제일. (배워야 할 것들을) 어렸을 때 이걸 안 해버리면 성인 때 다시 해야 되거든? 그러면 그때는 쉽지 않은 거야. 그래서 내가 프로에 있을 때도 대학교 나온 친구들도 빌드 업을 못 해. 빌드 업을 다시 가르쳐야 돼. 고등학교 때 안 했기 때문에. 왜냐면 성적을 못 내면 대학교 진학을 못 시키니까. 그걸로 평가받기 때문에" 우리가 벤투 감독을 못 믿고 그렇게 욕을 했었는데 최태욱 코치의 말을 듣고 보니 빌드 업을 준비하는데, 4년이나 걸린 게 벤투 감독의 문제가 아니라는 게 느껴진다.

최태욱 코치가 말한 대안이 참 와닿는다. "고등학교 진학에 대한 게 무조건 협회에서 바꿔 놔야 돼. 교육부랑 해서 무조건 바꿔 놔야 돼. 일본 같은 경우는 어떻게 하냐면 대학교도 스카우터가 있어. 뭐 코치 겸 스카우터 이런 식으로 할 수도 있겠지? 그러면 그 친구들이 잘하잖아? 그러면 뽑아놓은 친구들이 대학교 들어가기 전에 자기네 대학교에서 평가받아. 연습경기를 뛰어 그다음에 거기서도 한

번 뽑아. 그래서 직접 눈으로 보고 뽑는 거야. 그러니까 좋은 선수가 좋은 대학교 가는 게 맞는 거지. 근데 성적에 맞추다 보면 이기는 축구밖에 없잖아? A라는 좋은 선수가 팀을 성적을 못 냈어. 3번 대회 때 그러면 좋은 대학을 갈 수가 없어. 그러면 이 친구는 솔직히 망가지는 경우가 한국 현실이야. 그리고 더 중요한 것은 고등학교, 중학교 때 배워야 될 것 못 배워. 왜냐면 중학교 때도 피지컬 좋은 애를 고등학교에서 뽑아가. 왜냐면 고등학교 때 성적을 내야 되기 때문에. 피지컬 좋아야 성적을 내기 때문에. 그게 잘못된 루트라는 거지. 그게 한국 축구의 현실이라고 봐요." 이런 시간으로 우리 교육부가 만들어 놓은 수능을 보면 얼마나 엉망인지 알 수 있다. 진짜 수학 100점 받은 학생이 수학 점수 60점 받은 친구보다 수학을 잘하고 수학을 좋아한다고 이야기할 수 있을까? 단지 피지컬만 좋아서 빨리빨리 외우고 학교 시스템이 만든 수학 문제 틀을 잘 파악해서 수학 문제만 잘 푸는 게 아닐까? 그렇기에 우리나라에는 노벨상 수상자가 나오지 못하는 것 아닐까?

진짜 교육은 어른들이 편한 시스템, 어른들이 관리하기 편한 시스템으로 운영되어서는 안 된다. 실제로 교육 대상자인 청소년들이 편한 시스템, 자신들의 재능을 마음껏 꽃피울 수 있는 시스템으로 바꿔 줘야 한다. 이제 서울에 있는 학교도 학생들이 오지 않아서 문을 닫는 곳이 발생하고 있다. 출산율도 점점 낮아져서 선생님 한 명당 담당해야 할 학생 수가 점점 줄어들고 있다. 그렇다면 좋은 기회 아닌가? 선생들이 학생들에게 실질적인 도움이 될만한 공부 시스템으로 관리해 줄 수 있는 존재가 될 수 있으니 말이다. 과거의 교육 시스템이 아닌 현대에 맞는 교육 시스템으로 바뀌어야 한다.

대학을 100% 부정하는 게 아니다. 지금 같은 시스템이면 공부를 하기 위해 대학을 가는 것이 아니라 성적에 맞춰 대학을 가는 것이어서 부정적이라는 말이다. 축구만 보더라도 진학 문제만 달라진다면 축구 감독은 성적의 부담에서 벗어나 좀 더 자신의 축구 철학을 선수들에게 입힐 수 있을 것이고 선수들은 자신의 축구 철학과 비슷한 지도자가 있는 학교로 진학하게 되는 선순환이 이루어질 것이다. 그러면 한국 축구가 전술적으로 더 다양해지고 선수와 관중 모두 축구의 재미에 푹 빠지게 되지 않을까? 이 과정이 자연스럽게 진행된다면 월드컵에서 좋은 성적을 내는 것은 당연한 일이 될 것이다. 유소년 축구 감독을 프로 축구팀이나 명문 대학교 진학률로 평가해서는 안 된다. 이건 큰 문제이다. 이렇게 되면 좋은 선수(인재)가 제대로 성장할 수 없다.

Chaper 22

𝄂 그럼 생기부는 어떻게 작성해야 할까?

　이기는 게 나쁜 건 아니다. 그런데 이기는 것만 추구하며 살아가는 건 좋지 않다고 생각한다. 우리는 4년에 한 번 열리는 올림픽에 열광한다. 올림픽의 기본 정신은 '스포츠를 통한 인류의 화합과 세계 평화 증진이라고 정의'하고 있지만 모든 국가의 진짜 목표는 금메달을 하나라도 목에 거는 데 있다. 그럼, 무조건 금메달을 획득한다고 해서 그 금메달의 영광까지 목에 걸 수 있을까? 2022년 베이징 동계올림픽 피겨스케이팅 여자 싱글 쇼트 프로그램에 러시아의 한 선수가 출전했었다. 그 선수가 프로그램을 진행하기 위해 빙판 위에 들어섰을 때 한국의 지상파 3사는 경기를 중계하는 대신 이례적으로 침묵을 지켰다. 3초만 침묵이 흘러도 방송 사고로 보는 방송사에서 약 3분간 별다른 언급 없이 침묵을 지킨 것이다. 그 이유는 카밀라 발리예바 선수가 도핑 검사에서 양성 반응이 나왔기 때문이다. 이호정 해설 위원은 금지 약물을 복용하고도 떳떳하게 올림픽 무대에서 연기한 선수에게는 어떤 멘트도 할 수 없다며 "저런 선수가 경기에 나서면 다른 선수들이 그동안 노력한 게 뭐가 되겠냐?"라고 말했으며, 남현종 캐스터는 "약물을 복용한 발리예바 선수도 책임이 있지만, 그 뒤에 더 책임을 져야 할 무언가가 있어야 할 것"이라고 말했다. 연기 후 발리예바 선수는 1등을 했지만 싸늘한 반응에 눈물을 펑펑 흘릴 수밖에 없었다. 남현종 캐스터의 말처럼 선수 본인한테도 책임이 있지만 피겨 천재라는 프레임을 씌워 금메달을 따지 못하면 매국노 취급하는 분위기도 한몫을 했을 것이다. 이와 비슷하게 우리나라 청소년들도 이런 프레임에 갇혀 대학을 잘 못 가게 되면 부끄러운 자식이 되기 때문에 다른 길을 선택할 권리를 잃어버린 채 대학만을 바라보며 공부하고 있다.

　이기기 위한 공부, 이기기 위한 시스템은 모두를 지치게 만든다. 1등이라고 행복할까? 1등도 추격해 오는 2등 때문에 늘 불안감을 느낄 수밖에 없다. 이런 상황이다 보니 친구는 존재할 수 없으면 모두가 나의 경쟁자일 뿐이다. 라이벌이 있으면 선한 동기 부여를 해 줄 수 있겠지만 오로지 이기기 위한 시스템 속에서는 라이벌은 그냥 적일뿐이다. 만약 라이벌이 착할 경우 그 사람은 그냥 바보가 될 수밖에 없다. 이것을 대표적으로 보여 주는 사례가 김연아 선수와 아사다 마오 선수의 라이벌 구도이다. 김연아에게는 항상 따라다니던 숙명의 라이벌 아사다 마오가 있었다. 김연아와 동갑이었던 아사다 마오는 피겨 신예로 이미 주목받고 있었고 당시 김연아는 "왜 하필 저 아이가 나랑 같은 시대에 태어났을까?"라는 생각했었다고 한다. 하지만 이러한 기분은 아사다 마오도 똑같이 느꼈고 "나 자신만을 이기면 된다고 답한 적이 많은데 사실은 김연아를 이기는 것이 인생의 목표였다. 존경하기도 하고 경외하기도 했어요. 연아가 없었다면 이렇게 오랜 시간 열정을 유지할 수 없었을 것 같다. 다시 만난다면 좋은 친구로 지내고 싶어요."라며 자신의 속마음을 털어놨다. 당시 일본에서는 힘든 환경에서 천재적인 재능으로 올라오는 김연아를 좋게 볼 수 없었을 것이다. 왜냐하면 어릴 때부터 엘리트 코스를 걸어온 아사다 마오가 김연아를 근소하게 이기고 있었던 적도 있지만 2009년부터는 김연아가 아사다 마오를 크게 앞서게 되면서 피겨 퀸의 자리를 차지했기 때문이다.

사실 김연아와 아사다 마오는 주니어 시절에는 친구 관계로 지냈던 적이 있었다. 같이 스티커 사진도 찍으며 사이가 좋았다고 한다. 그런데 시니어로 넘어가면서 세계 언론은 두 사람을 라이벌로 규정했고 특히 한국과 일본은 두 사람의 대결 구도를 늘 대서특필하게 되면서 점점 멀어지게 되었다. 이런 분위기 속에서 두 사람이 친구가 될 수 없는 건 당연한 일이었다.

오로지 이기기 위한 싸움은 사람을 피 말리게 만든다. <SKY캐슬>, <펜트하우스>, <일타 스캔들> 등 입시와 관련된 드라마를 보면 서로를 죽일 듯이 경쟁하는 모습이 과장된 모습 같은가? 드라마 속 <SKY캐슬> 배경이 되는 그 동네에 실제 살아가고 있는 사람들의 이야기를 들어보면 <SKY캐슬>은 너무 약하게 표현되었으며 실제는 더 전쟁터 같다고 한다.

전쟁을 끝내려면 어떻게 해야 할까? 사실 복합적인 문제로 해결해야 할 부분이 많겠지만, 무엇보다 대학에만 목숨을 거는 시스템에서 벗어나야 한다. 그렇게 하기 위해서는 가장 먼저 생기부가 바뀌어야 한다. 그것도 100% 바뀌어야 한다. 생기부가 있는 한 자신이 다니고 있는 학교에서만큼은 다른 어떤 학생보다 자신의 생기부가 가장 화려해야 한다. 그 화려함을 통해 명문 대학이라는 목표를 이루는 게 제일 중요하다. 그래서 현재의 생기부는 대학이라는 목적지만을 위해 쓰이고 있는 자소설과 같다. 생기부를 통해 해당 학생의 진짜 관심사와 진짜 재능을 알아볼 수 있어야 되는데 지금의 생기부는 대학이 좋아하는 틀을 찾아내서 그 틀에 맞춰 예쁘게 작성하는 것에만 초점이 맞춰져 있다. 내 인생에 '나'는 없고 '생기부'만 존재한다고 말해도 절대 과장된 표현은 아니라고 생각한다.

그렇다면 생기부는 어떻게 작성해야 할까? 생기부에 가장 먼저 기록되어야 할 것은 학생이 어떤 질문을 던지고 있는지를 기록해야 한다. 그 학생이 오늘 그 질문을 던졌다는 것은 그 순간만큼은 그 학생에게 가장 중요한 공부 소재라는 뜻이 된다. 어른들이 봤을 때 어이가 없을 정도로 엉뚱한 질문이라고 해도 그 학생이 스스로 생각이라는 것을 해서 던진 질문이기에 질문의 내용보다 질문을 던졌다는 그 자체에 희열을 느낄 수 있도록 해야 한다. 그리고 그 질문의 답을 얻기 위해 학생이 어떤 노력을 하고 있는지 파악하는 게 중요하다. 책에서 주로 답을 얻는 학생이 있을 것이고 구글이나 유튜브를 통해 답을 얻는 학생도 있을 것이다. 어떤 학생은 강의를 통해, 어떤 학생은 직접 실험과 관찰을 통해 답을 얻을 수도 있다. 각자 어떤 방식으로 공부하는 게 효율적이며 재미있는지 찾아 주자. 이런 방식으로 공부할 수 있게 된다면 공부라는 존재가 '왜' 해야 하는지 이유도 모른 상태에서 하는 재미없는 존재가 아니라 자신만의 '왜'를 찾기 위해 하는 재미있는 게임 같은 존재가 될 수 있을 것이다.

카페에서 작업하다 보면 엄마와 자녀 간의 전화 통화를 엿듣게 되는 경우가 많다. 통화 대부분은 "엄마가 숙제 먼저 하고 TV(또는 스마트폰) 보라고 했는데 왜 TV 소리가 먼저 들리니? 빨리 숙제부터 하고 놀아!"라는 대화가 주를 이룬다. 자녀에게 일방적으로 지침대로만 하라고 하면 결국 '지침'에 이룰 수밖에 없다.

어릴 때 아이들은 끝말잇기를 좋아한다. 끝말잇기는 사실 단어 공부를 하기 위해 자녀들과 주고받았던 공부 방식 중에 하나다. 끝말잇기를 하려면 계속 머리를 굴려야 한다. 만약 이게 일반적인 공부였다면 아이들은 머리 쓰는 걸 싫어하기에 금방 싫증을 느꼈을 것이다. 그런데 일반적인 틀이 아닌 게임처럼 단어 공부를 한 결과 아이들은 끝말잇기를 계속 이어서 하기 위해 머리를 계속 사용하지만, 싫증 내지 않고 즐겁게 할 수 있는 것이다. 이처럼 생기부에는 질문으로 시작해야 한다. 질문으로 시작된 생기부에 게임을 하듯 끝말잇기를 하는 것이 아니라 생각 잇기를 해 주는 것이다. 그 질문의 답을 스스로 찾고 답을 통해 다시 생각하고 그 생각을 다시 찾고 이 과정을 반복할 수 있도록 해 준다면 생기부는 어떤 책이 될까? 초등학교만 졸업해도 앞으로 내가 어떤 삶을 살아야 할지 스스로 알 수 있는 한 권의 책이 되지 않을까? 그러면 유대인의 성인식 '바르 미츠바'처럼 청소년만 되더라도 스스로 공부를 할 수 있는 존재, 100만 원을 통장에 넣어 주더라도 그 100만 원을 단순하게 소비하는 게 아니라 자신의 미래를 위해 제대로 투자할 수 있게 되지 않을까?

어른들은 말한다. "숙제하고 놀아라?" 그런데 왜 하기 싫은 것을 먼저 하고 그다음에 하고 싶은 것을 하라고 가르치는가? 좋아하는 공부를 하게 된다면 공부와 놀이의 경계가 무너지게 되지 않을까? 놀이가 곧 공부, 공부가 곧 놀이가 될 수 있도록 도와줘야 한다. 만약 하기 싫은 숙제를 다 하고 놀았다고 치자. 그냥 형식적으로 빨리 끝내기 위해 했던 숙제의 내용을 기억할 수 있을까? 제대로 숙제했다고 해서 내 삶의 어떤 부분에 도움이 될까? 지금 학교에서 내 주고 있는 숙제는 평가 및 성적을 빼고 다시 바라본다면 진짜 가치 있는 행위라고 생각하는가? 숙제를 덜 하는 사람은 있어도 더 하는 사람이 없다는 건 뭔가 문제가 많은 게 아닐까? 반대로 놀이할 때는 "그만 해"라고 할 때까지 그만두지 않는다. 오늘 당신의 자녀는 어떤 질문을 하고 어떤 답을 찾았는지, 그 방식이 어땠는지 궁금하지 않은가?

발포 비타민이 물을 만나면 부글부글 올라오는 것처럼 내 가슴에 무엇이 들어왔을 때 들끓는지를 찾아야 한다. 그걸 꾸준히 찾기 위한 과정이 진짜 공부이지 않을까? 화딱지가 나서 부글거리는 거 말고 말이다! 그건 갱년기다!

Chaper 23

정말 너한테 대학이 필요할까?

이번에는 정면 돌파해 보려고 한다. 주절주절 이야기하지 않겠다. 그냥 스스로 객관적으로 판단해 보길 바란다. 2019년 기준 우리나라의 대학 과정은 전국에 총 1만 2천여 개의 학과가 존재했었는데 현재도 비슷하게 존재하고 있을 것이다. 가장 학과 수가 많은 소계열은 경영학으로 경영학에만 809개의 학과가 있다고 한다. 그다음은 체육 계열로 411개의 학과가 있다고 한다. 그런데 1만 2천여 개의 학과 중 2023학년도 대입 정시 모집에서 전국 14개 대학 26개 학과에는 수험생이 단 한 명도 지원하지 않은 것으로 나타났다.

이제 한 번 집중해서 생각해 보길 바란다. '대학을 나와야지만 그 직업을 얻을 수 있는 학과가 과연 몇 개나 될까?' 과연 30개는 될까? 정말 간단하게 생각해서 가수가 되기 위해 실용음악학과를 나오면 좋긴 좋겠지만 가수 중에 실용음악학과를 나온 사람이 몇 명이나 될까? 꼭 실용음악학과를 나와야지만 가수가 될 수 있을까? 어떤 직업을 찾더라도 대학을 나오지 않아도 그 일을 하는 분들이 있다. 그렇다면 그분들의 방법대로 한다면 대학 없이 그 직업을 할 수 있다는 말 아닌가?

우리나라에서 정말 대학이 아니면 그 일을 못 하는 직업이 있긴 있다. 대표적으로 의사일 것이다. 아무리 의학적 지식이 뛰어나다고 하더라도 의대를 졸업하지 못하면 의사가 될 수 없다. 이런 직업을 원하는 게 아니라면 과연 대학을 가는 게 맞을까? 이것부터 생각해 봐야 하는데 우리는 아무런 의심 없이 너무나 당연하게 대학이라는 존재에 선택당하고 있다. 황당한 건 1만 2천여 개의 학과 중 1,000개도 모르면서 고작 아는 1,000개의 학과 중 자신의 진로(미래)를 선택하고 있는 게 웃기지 않는가? 감사한 일인지는 모르겠지만 당신의 자녀는 26개의 학과는 빼고 생각해도 된다는 것이다.

이제 우리나라에 있는 모든 학과를 보여 주려고 한다. 그리고 한 번 체크해 보길 바란다. 대학을 꼭 가야만 할 수 있는 직업인지 아닌지 말이다. 그 직업이 몇 개나 되는지 한 번 파악해 보고 본인이 그 과를 꼭 가야 할 운명이 아니라면 학창 시절 12년을 오로지 대학만을 위해 공부하는 헛짓, 대학 타이틀을 얻기 위해 성적에 맞춰 진학한 대학에서 의미 없이 공부하는 4년 시간까지 합쳐, 이제는 16년 동안 제대로 된 진짜 공부를 할 수 있게 되길 바란다.

건축학, 건축·설비공학, 조경학, 지상교통공학, 항공학, 해양공학, 금속공학, 기계공학, 자동차공학, 교양공학, 기전공학, 응용공학, 산업공학, 반도체·세라믹공학, 섬유공학, 신소재공학, 재료공학, 전기공학, 전자공학, 제어계측공학, 광학공학, 에너지공학, 응용소프트웨어공학, 전산학·컴퓨터공학, 정보·통신공학, 도시공학, 토목공학, 화학공학, 교육학, 유아교육학, 공학교육, 사회교육, 언어교육, 예체능교육, 인문교육, 자연계교육, 초등교육학, 특수교육학, 경영학, 경제학, 관광학, 광고·홍보학, 교양경상학, 금융·회계·세무학, 무역·유통학, 법학, 가족·사회·복지학, 교양사회과학, 국제학, 도시·지역학, 사회학, 언론·방송·매체학, 정치외교학, 행정학, 기타디자인, 디자인일반, 산업디자인, 시각디자인, 패션디자인, 무용, 체육, 순수미술, 응용미술, 조형, 연극·영화, 국악, 기악, 기타음악, 성악, 음악학, 작곡, 공예, 사진·만화, 영상·예술, 간호학, 약학, 의학, 치의학, 한의학, 보건학, 의료공학, 재활학, 교양어·문학, 국어·국문학, 기타아시아어·문학, 기타유럽어·문학, 독일어·문학, 러시아어·문학, 스페인어·문학, 언어학, 영미어·문학, 일본어·문학, 중국어·문학, 프랑스어·문학, 교양인문학, 국제지역학, 문헌정보학, 문화·민속·미술사학, 심리학, 역사·고고학, 종교학, 철학·윤리학, 농업학, 산림·원예학, 수산학, 동물·수의학, 생명과학, 생물학, 자원학, 화학, 환경학, 가정관리학, 교양생활고학, 식품영양학, 의류·의상학, 교양자연과학, 물리·과학, 수학, 지구·지리학, 천문·기상학, 통계학, 재무부동산학.

Chaper 24

질문도 질문이다
(최초의 질문)

학과 리스트 체크를 잘 해봤는가? 체크를 해 본 결과 자기가 하고 싶은 일을 하기 위해 대학을 나와야지만 그 일을 할 수 있는 사람도 있었을 것이다. 만약 대학이 필요하다는 결과가 나왔다면 당신의 자녀에게 이 책은 전혀 도움 되지 않을 것이다. 그렇다면 이제는 과감히 이 책을 쓰레기통에 던져 버리고 대학이라는 목표를 향해 최선을 다해 공부할 수 있도록 도와주길 바란다. 이전까지는 그저 막연하게 대학을 생각했다면 이제는 정확한 목표가 생겼다. 내가 잘하는 것, 좋아하는 것을 인내하면서 하는 것과 무작정하는 노력은 다르기에 수능 공부하는 게 전보다는 견딜만할 것이다. 그러니 후회 없도록 최선을 다해 노력해서 원하는 대학, 원하는 학과에 꼭 들어갈 수 있게 되길 응원한다. 대신 '어느 정도 해 봤다'라고 말할 정도가 아닌 진짜 입에서 단내가 날 정도로 했으면 한다. 그 결과

'더 이상 못 하겠어'라고 생각이 들 때 한 번 더 해 봐라. 그러면 정해진 범위 안에서 대결하는 시합이기에 거기에서 승리를 쟁취하는 건 어렵지 않을 것이다. 이게 바로 진짜 노력이다. 그러면 원하는 대학, 원하는 과에 무조건 갈 수 있을 것이다. 대신, 20년 안에 로봇에 대체될 직업으로 판사, 의사가 포함되어 있다는 것만 기억해 주길 바란다. 이들과 견주어서 특색 있는 판사, 의사가 될 방법도 같이 생각해서 쓰임 받는 존재가 될 수 있길 바란다.

학과를 하나하나 체크해 본 결과 99%는 대학이 필요 없다고 나왔을 것이다. 그럼 지금부터 더 집중해서 이 책을 읽어 주길 바란다. 이 책의 내용을 100% 이상 자신의 것으로 만들기 위해 처음부터 다시 읽어도 좋다. 제대로 이 책을 흡수하기 위해 이 책이 '너덜너덜'해질 때까지 읽고 또 읽고 또 읽는 걸 반복해서 책의 내용을 자신의 것으로 만들었으면 한다. 그리고 읽기만 하는 바보가 아닌 읽은 것 이상으로 실천해서 꼭 자신이 원하는 길을 걸을 수 있는 사람이 되었으면 한다. 그렇기에 이 책을 단순히 평가하기 위해 읽지 말고 내가 말하고자 하는 내용을 정확히 파악해서 자신이 원하는 삶을 살기 위해 잘 활용했으면 한다. 아직도 자신이 뭘 좋아하는지, 뭘 원하는지 알지 못한다면, 자신에게 먼저 질문을 던질 필요가 있다.

무슨 질문을 던져야 할까? 질문을 생각하는 순간 머리가 멍해지는가? 우리나라 사람들은 질문하는 것을 어려워하는 걸 넘어 극도로 두려워한다. 질문을 두려워하는 이유가 뭘까? 우리 사회가 너무 완고한 프레임에 갇혀 있기 때문이다. 후진국이었던 한국이 지금만큼의 발전을 이룩하기 위해 늘 정답이 필요했다. 후진국이었던 한국이 찾은 정답은 무엇이었을까? 그건 바로 선진국을 모방하는 것이었다. 추격자의 입장이었었던 한국은 다른 생각을 할 여유가 없었다. 개발도상국이라도 되기 위해 그저 선진국을 보면서 무식하게 모방만 하면 됐었다. 때문에, 돈이 없었지, 개발도상국이 되기 위한 정답을 모르는 게 아니었기에 한국은 개발도상국까지는 될 수 있었다. 그런데 이제 우리는 개발도상국에서 선진국으로 가기 위한 문턱에 서 있다. 20세기 후진국이었을 때는 선진국이 제시하는 정답을 빠르게 따라가는 것만으로 가능했지만 21세기 선진국이 되고자 한다면 이제는 이 방법은 쓰레기통에 던져 버려야 한다.

그럼 어떻게 해야 할까? 우리가 선진국이 되고 싶다면 우리가 먼저 문제를 제시하고 먼저 정답을 찾는 전략을 취해야 한다. 그 결과 다른 나라들이 우리가 제시한 질문대로 따라오게 만들어야 한다. 여기에 에너지를 다 같이 쏟아부어도 모자랄 판에 여전히 우리는 학생들에게 '생각하지 말고 주입식 공부나 열심히 해!'라고 가르치고 있을 것인가? 문제를 제시하기 위해서는 책상에 앉아 교과서만 볼 게 아니라 세상을 관찰하고 시대를 앞서는 질문을 던질 줄 알아야 하는데 우리는 여전히 답이 있는 문제를 푼다고 정신없다. 만약 당신이 지금 질문하는 게 어렵다면 주입식 교육을 맹신했던 착한 학생이었을 가능성이 크다. 당신의 자녀도 착한 학생으로 만들고 싶은가? 문제 풀이에 열중한 사이 질문이 사라졌다. 당신의 자녀가 당신의 삶을 리플레이 하지 않길 원한다면 질문을 던질 수 있도록 해야 한다.

'왜 난 질문하는 게 어렵지?'라는 질문도 질문이다. '새로운 뭔가를 시도해 보자'라는 질문도 최초의 질문이 될 수 있는데 이런 허접한 질문은 좋은 질문이라고 받아들이지 않기에 질문을 어려워하고 질문을 부끄러워하는 것이다. 그런데 모든 질문은 여기서부터 시작되었다. 질문을 하기 보다는 한 번 더 노력하는 게 성공의 관행이라는 틀을 깨야 한다. 우리는 에디슨이 한 말을 잘 못 이해하고 있다. 에디슨이 말한 "천재는 1%의 영감과 99% 노력으로 만들어진다."라는 말은 '미친 듯이 노력하면 성공할 수 있어!'를 말하기 위함이 아니었다! "난 그들이 가지고 있지 않은 1%의 영감을 가지고 있어! 그 1%의 영감의 차이가 우리의 차이야. 1% 영감 없이 노력하는 건 아무런 의미가 없어! 먼저 1%의 영감을 찾고 그 영감을 성취하기 위해 99% 노력해!" 에디슨은 이 말을 하고 싶었다. 그런데 우리는 이 말을 토대로 노력만 강조했기에 질문해야 할 때 질문하지 못하는 상태가 된 것이다. 그냥 열심히만 하면 된다고 생각하는 어른들의 이야기는 이제 무시하자!

그렇다면 질문이 왜 필요할까? 시험 문제를 낸 사람은 문제를 내놓고 좀 쉴 수 있지만 문제를 풀어야 하는 사람은 내내 풀어야 한다. 문제 출제자와 문제 해결자의 다른 현실을 자각해야 한다. "쓸데없는 소리 하지 말고 서울대 간 네 삼촌이 했던 방법만 그대로 하면 돼!" 이제 이런 개발도상국적인 생각은 그만하자. 우리 교육만 이런 것이 아니라 '질문'은 불필요한 것 비효율적이라고 우리 사회는 생각한다. 우리나라 전체가 문제 해결자로만 살고 있다. 우리도 이제는 문제 푸는 사람에서 문제 출제자가 되어야 한다. 거침없이 질문하고 뭔가를 창조해야 할 필요가 있다. 돌이켜 보면 인류는 늘 질문을 통해 앞으로 나아갔다. 역사는 곧 질문의 역사였다. 새로운 질문의 등장은 인류를 앞으로 나아가게 해줬다.

어느 날, 이건희가 반도체 사업을 허락받기 위해 이병철 회장을 찾아간 적이 있다. 그런데 이병철 회장은 "반도체라니 그게 뭐냐?"라는 질문을 던졌다. 이병철 회장은 반도체라는 것 자체를 알지 못했다. 그러자 이건희 회장은 "반도체라는 것은 컴퓨터 안에 들어가는 건데 앞으로 세계를 지배하게 될 것입니다."라고 미래를 제시해 줬다. 그러나 반도체라는 것 자체를 들어본 적이 없는 이병철 회장은 반도체 사업 투자를 거절한다. 그러던 중 이병철 회장은 미국 출장 중에 실리콘밸리를 방문하게 되는데 거기서 컴퓨터 하나로 모든 일을 처리하는 것을 보고 큰 충격을 받는다. "책이나 펜 없이 컴퓨터 한 대로 일하고 있단 말입니까?"라는 질문에 실리콘밸리 관계자는 "다 반도체 덕분이죠."라고 답해 준다. 이병철 회장은 새해 사업 구상차 도쿄에 가서 긴 고민 끝에 사돈인 중앙일보 홍진기에게 전화를 걸어 "누가 뭐라고 해도 반도체를 해야겠습니다. 빨리, 이 사실을 공포해 주세요!" 그 후 연구진들이 밤을 새워가며 노력한 끝에 64K D램을 성공시켰다. 이병철 회장은 우리 기술로 독자 개발한 반도체로 세계를 제패하라고 마지막 유언을 남겼다고 한다. 이건희가 삼성의 회장이 될 수 있었던 건 다른 형제들에게 없는 1%의 영감이 있었기 때문이다. 그 영감은 작은 질문에서 시작되었다. 이건희 회장이 작은 질문을 던질 수 있었던 건 책상에 앉아 교과서만 보지 않고 세계라는 교과서를 보며 우물에서 벗어 날 수 있었기에 가능한 일이다. 그리고 1%의 영감만 있다면 위의 사례처럼 내가 99% 노력할 필요도 없다. 리더는 팀원들이 한 방향으로 나아갈 수 있도록 방향만 잡아 주고 나머지는 인재들에게 맡기면 된다.

"지구가 온 우주의 중심이다."라고 주장하고 있는 천동설은 코페르니쿠스의 "정말 태양이 우리 주위를 돌고 있는 걸까?"라는 질문을 통해 '태양을 중심으로 지구가 돌고 있다'라는 지동설이 탄생할 수 있었고, '사과는 왜 땅으로 떨어지는가?'라는 뉴턴의 질문을 통해 이 세상이 물리 법칙으로 움직인다는 것을 밝혀냈고, '시간은 모두에게 같은 속도로 흐를까?'라는 아인슈타인의 질문을 통해 인간이 알고 있던 시공간의 개념을 완전히 뒤바꿔 놓은 상대성이론이 탄생할 수 있었다.

질문을 던져야 다음 세상으로 나아갈 수 있다. 질문은 세상을 움직이는 가장 강력한 힘이다.

질문은 기존의 틀에서 벗어나고자 하는 의지를 담은 자기의 생각이다. 그 생각이 없는데 어떻게 자기 삶이라고 이야기할 수 있는가?

렌지로버 스포츠 광고 <스필웨이 챌린지, 아이슬란드>를 보면 방류량 750톤, 물의 낙하 높이 90미터, 도전의 앞서 제시카는 말한다. "이것은 분명히 어려운 도전이에요. 하지만 이게 바로 제가 하는 일이기도 해요. 전 여덟 살 때부터 운전했고, 드라이빙에 빠져 버렸어요. 스피드와 아드레날린을 정말 좋아하죠. 먹고, 자고, 숨 쉬듯이 자연스럽게 모터스포츠와 자동차 그리고 스턴트 드라이빙을 삶의 일부로 받아들이고 있어요. 당신이 하고 싶은 일이 당신을 행복하게 만든다면 그 누구도 당신에게 그 일을 할 수 없다거나 해서는 안 된다고 말하지 않아야 한다고 생각해요. 남자가 하는 일과 여자가 하는 일이 따로 정해진 것은 아니죠. 우리는 우리의 인생에서 무엇이든 할 수 있는 거죠. 저는 많은 챔피언십과 다양한 분야에서 수년간 레이싱을 해 왔어요. 그 덕분에 제임스 본드 시리즈 '노 타임 투 다이'와 몇 편의 영화에도 출연하게 되었죠. 사람들은 모터스포츠가 얼마나 체력적으로 힘든 스포츠인지 잘 모르는 것 같아요. 모터스포츠 선수들은 정말 열심히 해 나가고 있거든요. 집에서 마인드 코치의 도움을 받을 정도로요. 마음을 단단히 먹지 않는다면, 제 모든 기량을 보여줄 수 없어요." (위험한 도전에 앞서) "제가 해낼 수 있을까요? 이게 가능하긴 한가요"라는 질문에 렌지로버 관계자는 "모르겠어요. 아무도 도전한 적이 없었어요."라고 답했다. 제시카는 이 도전을 자신이 해낼 수만 있다면 자신이 이룰 수 있는 가장 위대한 업적이 될 것이라며 "전 웃고 있지만 사실 정말 무서워요. 거센 물살에서 이만큼 떨어져 있을 때, 걱정했어요. 정말 많이요. 너무 무서웠어요. 사람들이 불가능하다고 하는 일이 좋아요. 저에게는 도전이니까요. 이 도전은 아주 오랫동안 잊히지 않을 것 같아요."

이제 노력은 대학 가고자 하는 친구에게 양보하고 자신만의 질문을 던질 준비가 되었는가?

Chaper 25

문제 출제 전문가 '다르파'

<다르파>를 들어본 적 있는가? 아마 처음 들어보는 단어일 것이다. 다르파는 미국 국방고등연구계획국을 말한다. 다르파는 1958년 미국-소련 냉전 시대에 미국의 국가 안보를 위해 기술 개발을 목표로 설립된 곳으로 냉전 시대 다르파가 던진 질문은 '핵 공격에도 통신 시스템을 유지할 수 없을까?'였다. 이 질문을 통해 컴퓨터를 통신망으로 연결 정보 공유-분산하는 기술 개발, 군사 목적의 컴퓨터 네트워크 아르파넷 탄생, 군사용 아르파넷에서 전 세계를 연결하는 '인터넷'이 탄생할 수 있게 되었다. 원래 존재하지 않았는데 다르파가 질문을 던짐으로써 만들어진 게 많다. 이에 따라 다르파를 '질문 천재'라고 부르기도 한다. 군대에 있을 때 한 간부가 "사실 현대 과학의 발달은 대부분 군사 목적으로 인해 개발된 거야"라고 말했던 게 기억나는데 GPS, 음성 인식 기술, 드론, 손의 감각까지 발달한 로봇 팔, 세상을 움직이는 혁신적인 기술 등장에 다르파의 '질문'이 있

었다. 다르파는 도전적인 과제를 출제·지원하는 미 국방부 산하기관으로 다르파의 문제 채택 기준은 실패 가능성이 아주 크지만 성공한다면 기술 패러다임을 바꿀 수 있어야 한다는 것이다. 다르파 정신은 '되든 안 되든 무조건 우리가 최초로 한다.'로 우리 교육에 꼭 필요한 정신이라고 생각한다.

다르파의 질문으로 산업의 판도를 바꾼 또 다른 기술이 있다. 그건 바로 자율 주행 자동차다. 다르파의 '자동차가 스스로 달리게 할 수 있을까?'라는 질문으로 시작된 도전으로 이 질문을 현실화하기 위해 수많은 사람이 모하비 사막으로 모였다. '240km를 운전하지 않고 스스로 달릴 수 있을까?'를 시험하기 위해 첫 번째 대회인 2004 다르파 그랜드 챌린지가 열리게 되었다. 2004 다르파 그랜드 챌린지 자율 주행차 당시 우승 상금 100만 달러(약 12억 6천만 원)로 결코 적은 상금이 아니었다. 그런데 황당하게도 100만 달러를 가져간 사람이 없었다. 총 212km를 완주해야 하는 경주 코스에서 첫 번째 대회의 최장 주행 기록이 고작 11.78km밖에 되지 않았기 때문이다. 제1회 다르파 그랜드 챌린지는 대실패로 끝나고 말았다. 여기서 첫 번째로 주목을 해야 할 것은 다르파는 질문만 던지고 대회를 개최했을 뿐 본인들이 한 건 아무것도 없다는 사실이다. 내가 이전 책에도 이야기했던 적이 있는데 카이스트 대학 측에 장학금을 전달하는 것도 중요하지만 어느 정도 재력이 있거나 영향력이 있는 단체에서 과학경진대회를 개최해서 사람들이 혹할 정도의 상금을 주고 참가자의 아이디어를 기업과 연계해서 상용화할 수 있도록 돕는다면 우리나라에도 다르파처럼 '최초'를 많이 제시할 수 있게 될 것이다.

    자율 주행차 시대를 연 최초의 질문을 통해 모두가 알고 있는 것처럼 자율 주행차는 기하급수적으로 발달했다. 다르파의 질문은 그 당시에는 말도 안 되는 하찮은 질문이었다. 그런데 고작 1년 뒤에 개최된 2005 다르파 그랜드 챌린지에서 한 대를 제외하고 결승 진출 팀 모두가 2004년 최장 주행 기록인 11.78km를 돌파했다. 총 212km 경주 코스 완주 차량도 무려 5대로 1년 만의 엄청난 쾌거를 얻은 것이다. 여기서 두 번째로 다르파를 통해 배울 수 있는 부분은 '천재' 한 명이 머리를 쓰는 것보다 수많은 사람이 공통된 주제의 해답을 얻기 위해 머리를 맞대는 것이 더 효율적이라는 것이다. 천재 한 명이 질적으로 좋은 제품을 만들기 위해 노력하는 것보다 평범한 사람들일지라도 양적으로 많이 하다 보면 그들이 만들어 낸 수많은 것 중에 1~2개는 천재가 만든 단 하나의 제품보다 질적으로 우수할 수밖에 없다. 결국 수많은 실패, 수많은 아이디어가 합쳐졌을 때 더 빠르고 위대한 성과를 얻어 낼 수 있다. 그런데 지금의 교육은 경쟁만 존재하기 때문에 수많은 아이디어가 합칠 방법이 없다는 것이 정말 안타깝다.

    2005 다르파 그랜드 챌린지의 우승 팀은 스탠퍼드 대학교의 자율 주행차 '스탠리'로 당시 팀을 이끌었던 세바스찬 스런은 오늘날 '자율 주행차의 아버지'로 불리고 있다. 세바츠찬 스런(2005 다르파 그랜드 챌린지 우승)은 "다르파 대회가 없었다면 오늘날 자율 주행차도 존재하지 않았을 거라고 생각합니다. 미국 정부가 상금을 걸

어 연구진들을 단합시켰던 것도 한 수였다고 생각합니다." 이 사건을 통해 기술이 없었던 게 아니라 질문을 던지는 사람이 없어서 만들지 못했을 뿐이라는 생각이 든다. 지금도 기술이 없어서 새로운 것들이 나오지 않는 게 아니라 질문을 던질 수 있는 상상력이 없기에 기술의 진보가 늦는 것이 아닐까?

    자율 주행차 개발 당시 세바스찬 스런이 품었던 "제가 18살 때 이웃과 친구를 자동차 사고로 잃었습니다. 그 친구는 빙판길에서 운전하다가 찰나의 잘못된 판단으로 트럭과 충돌해 사망했습니다. '왜 세상은 매년 백만 명이 넘는 자동차 사망자가 발생하도록 방치하는 것일까?' 생각하게 됐습니다. 질문이 제가 학부생 때부터 석박사 그리고 2005년 스탠퍼드 대학에 이르기까지 품고 있던 것이었습니다. 그리고 마침내 자율 주행차를 개발했습니다."라는 생각이 2005년 대회 우승 후 구글의 자율 주행차 개발까지 이끌 수 있게 되었다. 이 프로젝트의 시작에도 '질문'이 있었다.

    세바스찬 스런(구글 자율 주행차 개발)은 "2009년 질문하는 것이 얼마나 '중요한가'를 깨닫게 된 일화가 있었습니다. 구글 공동창업자 래리 페이지는 "캘리포니아 어디든 달릴 수 있는 자율주행차를 개발하고 싶어요." 그때 세바스찬 스런은 "저는 세계적인 자율주행차 전문가로서 개발이 어렵다"라고 답했다고 한다. 그는 세바스찬 스런의 답변을 듣고 질문을 바꿔 다시 물었다고 한다. "자율 주행차를 개발하는 것이 왜 불가능한지 기술적인 근거를 들어줄 수 있어?"

세바스찬 스런은 이 질문을 듣고 "저는 이 질문을 듣고 전문가로서 설명할 수 있는 마땅한 근거가 없다는 것을 깨달았습니다. 가능할 거라고 상상하지 못했던 것뿐이었죠." 질문을 바꾸면 대상을 바라보는 시각이 달라질 수 있다. 그러면 새로운 길이 열리게 되는 것이다! "래리 페이지는 제게 '자율 주행차 개발을 해보는 게 어떻겠냐?'라고 제안했습니다. 저는 혁신이란 단계적으로 일어나는 것이 아니라 큰 도움닫기를 하는 것과 같다고 생각합니다. 혁신은 점진적으로 진행되지 않습니다. 모든 단계에서 퀀텀 점프처럼 일어나는 것입니다."

현재의 자율 주행차는 첨단 인공 지능까지 결합해 자동차 산업의 패러다임이 바뀌고 있다. 자동차라는 개념 자체가 달라지고 삶의 풍경도 많이 변화하게 될 것이다. 이 대전환의 시작에 다르파의 '질문'이 있었다. 기술 발전을 가능케 하는 힘, 새로운 질문. 새로운 목표 제시가 필요하다. 국영수가 아니라!!! 넷플릭스 웹드라마 <더 글로리>에 이사라의 대사처럼 "이 좆밥이던 년이 씨, 대가리에 국영수 좀 채웠다고 아주 쓰ㅂㄴ이 됐네. 국영수 좀 채운 놈이 우리나라의 문제를 해결해 주기는커녕, 문제를 더 만들고 있지는 않은가? 이제 머리에 국영수가 아닌 새로운 질문, 새로운 목표 제시가 필요하다.

앞으로의 시대는 도전적인 질문이 한 국가의 산업, 경제, 나아가 국가 안보를 책임질 것이다. 질문의 힘이 세상을 움직이며 질문을 던지는 국가만이 세상을 움직일 수 있을 것이다.

Chaper 26

흉내를 낼 거라면

　유튜브를 보다가 <1분 지식>에서 만든 <현재 우리나라가 망해 가고 있는 이유>라는 영상을 보게 되었다. 내용을 보면 "유독 우리 나라는 올려 치기가 심한데 인스타그램을 보면 호캉스에 수백만 원 짜리 명품 플렉스 사진이 올라오고 결혼할 때는 자가는 아니어도 전세라도 번듯한 집 한 채라도 해야 한다. 차는 덤으로 있어야 하고, 인터넷 보면 건동홍(건국대·동국대·홍대)은 애매한 학벌이네. 그러지만 실상은 90% 이상은 건동홍 가지도 못한다. 매년 수능 보는 인원이 50만이 넘는데 서연고(서울대·연세대·고려대) 서성한 중경외(중앙대·경희대·외국어대학)까지 가는 인원이 3,500명밖에 안 된다. 전문직 군은 매년 의사 3,100명, 약사 1,800명, 변호사 1,700명, 회계사 1,200명씩 배출이 된다. 세무사, 치과의사, 노무사 등 모두 합치면 매년 12,000명 이상이다. 그러면 대기업은 어떨까? 삼성, LG, SK 등 우리가 흔히 아는 10대 대기업 직원이 100만 명밖에 안 된다. 향후 5년 동안 10대 대기업의 5년간 채용 목표는 40만 명인데 1년에 8만 명꼴이고 들어오는 만큼 나가야 하는 상황이다. 그리고 요즘 월 500 이하는 애도 낳지 말라는데 20대 평균 연봉이 2,800만 원이고 30대는 3,400만 원이다. 세금 제하면 보통 250만 원인데 이런 현실 외면하고 귀 꾹 닫고 사는 사람이 많다고 한다."

위에 글을 읽어 보면 우리나라 사람들은 현실 감각이 많이 떨어진다는 생각이 든다. 위의 내용을 토대로 단순하게 계산해 보면 매년 10만 명이 대학을 통해 취업에 성공하게 된다. 그러면 약 40만 명의 졸업생들은 취준생이 되는 것이다. 그리고 다음 해에 90만 명이 10만 개의 일자리를 놓고 치열한 싸움을 벌여야 한다. 그리고 이 중에서 결국 10만 명만이 취업에 성공하게 된다. 그러면 다음 해에는 130만 명이 10만 개의 일자리를 놓고 오징어게임이 시작된다. 이런 상황이 나만 이상한 걸까? 그렇다면 청년 일자리가 해결되지 않는 이유는 정부가 무능해서 그런 걸까? 어느 정권이 잡아도 해결되지 않는다면 근본적인 문제가 잘못된 게 아닐까? 내가 생각하기에 문제점은 우리나라 교육이 취업만을 가르치고 있다는 것이다. 뛰어난 두뇌를 소유하고 있는 한국의 청소년들이 취업만이 아닌 각자의 길을 위해 공부하는 방법을 배울 수 있다면 어떨까? 그들이 청년이 되었을 때 지금과 다르게 자기 능력을 표출해서 취업 대신 창업(창직-새로운 직업을 만드는 것) 하는 일이 더 많아지지 않을까? 자신만의 재능을 찾고 그 재능으로 꽃피울 수 있는 작은 기회조차 주어지지 않기에 무능력해 보이는 청년들이 많이 생기는 것이다.

모두가 좋은 자동차를 타고 싶을 것이다. 그런데 현실은 카푸어가 많다. 보여 주기 위해 선택할 수밖에 없는 카푸어, 그로 인해 제대로 된 생활을 하지 못하는 청년들이 많은데 자신의 수준에 맞는 자동차를 타거나 아니면 능력이 되기 전까지는 '자동차가 없는 게 맞다'라고 생각한다. 자신의 수준에 맞는 차인지 아닌지 아는 방법은 현재 자신이 월급을 받고 있다면 자신의 6개월 치 월급을 더해 보길 바란다. 300만 원을 벌고 있다면 300만 원X6개월=1,800만 원이라는 금액이 나온다. 딱 이 정도의 차를 선택하는 게 자신의 수준에 맞는 자동차를 선택하는 방법이다. 그런데 우리나라 사람들은 자신의 수준보다 3~5단계 높은 자동차를 타고 있기에 삶이 힘든 것이다. 보여주기 위한 삶은 늘 피곤할 수밖에 없다. 보여주기 위한 삶이 아닌 보여줄 수 없는 내면의 삶을 단단하게 먼저 가꿔야 한다.

의생학이라는 학문이 있다. 의생학은 자연을 흉내 내는 학문으로 식물·동물·자연 등을 관찰해서 그것들의 장점을 사람들이 사용하기 좋은 물건으로 만드는 것을 말한다. 옷이나 신발 중에 붙였다 떼었다 할 수 있는 벨크로(찍찍이)로 제품들이 있는데 이건 식물 중에 도꼬마리가 자기의 씨앗을 동물의 털에 붙여서 멀리 이동시키면서 번식하는 것을 보고 발명되었다. 오리발은 이름 그대로 오리의 발을 보고 만든 제품으로 오리는 발가락 사이에 물갈퀴가 있어서 물속에서 발을 움직여 빠르게 갈 수 있다. 이 모양을 보고 만든 발명품이 오리발이다. 세계 최고의 속도를 자랑하는 일본의 신칸센은 소음이 엄청나게 컸다고 한다. 이런 단점을 보완하기 위해 열차의 안면을 물총새의 부리를 본떠 디자인했는데 물총새는 물속의 물고기를 사냥할 때 특유의 부리 모양 덕분에 물이 튀지 않는다고 한다. 바로 이 모습에서 귀감을 얻어 소리 없이 빠른 열차를 개발할 수 있었다.

 자연을 흉내 내서 세상에 없던 물건들을 발명해서 부자가 되는 사람들, 부자의 겉모습만 흉내 내며 실상은 가난한 삶을 살아가고 있는 사람들! 청소년 시절 본인의 어떤 공부를 하는지 잘 선택하냐에 따라 삶이 달라질 수도 있다. 그러니 주변을 끊임없이 관찰해야 한다. 그리고 끊임없이 질문을 던질 수 있어야 한다. 그 질문 중 관심이 생기는 분야가 있다면 구글과 유튜브, 그 분야와 관련된 수십 권의 책과 논문을 통해 그것들을 현실화할 수 있어야 된다. 더 이상 정해진 정답을 외우는 교육에서 벗어나서 세상에 널려 있는 문제들을 풀기 위해 교육에 재접근할 필요가 있다. 그러기 위해서는 오로지 1등이 되기 위해 경쟁하며 피터지게 싸우는 짓, 동료가 아닌 모두를 적으로 만드는 경쟁은 멈추고 서로 대화를 나누면서 한 단계씩 나아가는 과정이 필요하다.

 이 책을 읽고 있는 부모부터 '최초의 질문'을 던져야 한다. ~엄마, ~아빠 이전에 나는 누구였으며 내가 꿈꾸었던 삶을 살고 있는가? 나는 어떤 '질문'을 가지고 있었으면 그 질문들이 사라진 이유가 뭔지 말이다! 그 질문을 다시 끄집어내서 그 질문의 답을 스스로 찾아내어 부모가 먼저 그 설렘을 느껴 봐야 한다. 자식은 부모의 뒷모습을 보고 배운다는 게 바로 이런 것이다. "방에 들어가서 공부 안 해!"라고 말하면서 자신은 TV를 보거나 유튜브 영상을 보거나 스마트폰으로 게임을 하는 게 아니라 자신의 머릿속에 있는 질문의 답을 찾기 위해 공부하는 모습을 보여 주기만 하면 자녀들은 스스로 그 모습을 닮아갈 수밖에 없다. 자녀가 스마트폰을 잘 활용하지 못하고 있다면 그건 자녀 잘못이 아니다. 그러니 자녀를 혼내기 전에 부모인 자신이 스마트폰을 잘 활용하고 있는지 먼저 돌아보길 바란다.

사람을 모방하며 발전하고 있는 인공 지능 기술을 통해 미래를 준비해야지 더 이상 국, 영, 수 등 학교 성적에만 집중하는 구시대적 발상으로 역주행하지 않았으면 한다. 대신 황당할 법한 질문을 계속 던져 보는 자세를 가져 보자. 이게 정말 중요하다. 그 질문의 답을 찾기 위해 인공 지능 기술을 활용해야 한다. 부자들의 삶을 흉내 내는 짓은 인제 그만. 흉내를 낼 거라면 부자들의 습관, 부자들은 어떤 질문을 던지고 그 답을 찾기 위해 어떤 노력하고 있는지 파악해서 그걸 흉내 내길 바란다.

Chaper 27

기업가? 괴짜? 혁신가?

　21세기 가장 혁신적인 돌+아이는 누구일까? 주변에 돌+아이가 너무 많아 떠오르는 사람이 많은가? 맞다. 세상에 돌+아이는 정말 많다. 그런데 우리 주변에는 혁신적인 돌+아이가 없다는 게 문제다. 우리 사회에도 그냥 돌+아이가 아닌 혁신적인 돌+아이가 필요하다. 그렇다면 21세기 가장 혁신적인 돌+아이는 누구일까? 내가 생각하기에 21세기 가장 혁신적인 돌+아이는 일론 머스크라고 생각한다.

　일론 머스크는 기업가? 괴짜? 혁신가? 트위터? 뭐라고 특정하기 어려운 인물이다. 일론 머스크는 도지코인, 트위터 등으로 대한민국에서는 핫한 인물이기 때문에 그에 대해 별도의 설명은 필요 없을 것 같다. 일론 머스크는 화성에 가기 위해 노력하고 있는 인물로 화성에 가기 위해 스페이스X라는 회사를 운영하고 있다. 보통 로켓은 1단과 본체로 이뤄져 있는데 1단 로켓은 본체를 쏘아 올리고 바다에 버려지게 된다. 21세기 가장 혁신적인 돌+아이인 일론 머스크는 여기에 질문을 던지게 된다. "1단 로켓을 버리지 말고 다시 쓰면 안 돼?"

이 질문의 로켓 전문가들은 어떤 반응이었을까? 모든 로켓 전문가들은 "역시 일론 머스크는 돌+아이"라고 생각하며 일론 머스크가 1단 로켓 다시 써 보자고 했을 때 기존의 전문가들은 "우리가 70년 동안 해 봤는데 그건 할 수 있는 게 아니야. 그가 로켓에 대해 무지하기에 저런 얘길 하는 거야!"라고 생각했다. 그러나 혁신적인 돌+아이인 일론 머스크는 주변 반응에 아랑곳하지 않고 2002년에 1단 로켓 재사용을 목표로 스페이스X를 설립하고 무려 13년간 시행착오를 겪은 끝에 추진체인 1단 로켓 회수에 2015년 12월 22일에 성공하게 된다. 우주 개발 역사상 1단 로켓 재사용을 최초로 도입한 팰컨 9는 본체를 위성 궤도에 진입시킨 후 착륙을 위해 다시 모습을 드러낸 1단 로켓을 보며 스페이스X를 비롯한 지구인들은 열광할 수밖에 없었다. 인류 역사상 최초로 1단 로켓 회수에 성공함으로 인해 우주 산업의 패러다임을 완전히 뒤바꾼 사건이 되었다.

150km를 쏘아 올린 뒤 다 쓴 주사위를 회수한다는 불가능에 가까운 그의 목표는 1단 로켓 회수를 통해 엔지니어들의 패러다임을 180도 바꿔 놓았으며 엔지니어들은 그날의 장면을 보며 여전히 전율을 느낀다고 한다. 스스로 전문가라고 생각했던 사람들의 틀을

깬 혁신적인 돌+아이 일론 머스크! 전문가들은 배운 대로, 그리고 늘 하던 대로 하려는 관성이 생길 수밖에 없는 것 같다. 그리고 '~ 때문에' 안 되는 이유를 정말 잘 알고 있다. 전문가일수록 자기의 생각과 기존의 틀에서만 생각할 수밖에 없기에 교과서를 맹신하게 된다. 그렇기에 전문가들 사이에서 혁신이 나오는 건 하늘의 별을 따는 것만큼 어려워진다. 그런데 비전문가들은 기존의 틀이 아닌 자신의 방법대로 질문을 던지고 그 문제에 다가간다. 그래서 오히려 모르는 게 약이라는 게 이럴 때 적용되는 게 아닐까는 생각이 든다. 새로운 생각을 할 때는 오히려 모르는 게 약이 될 수 있다. 실제로 일론 머스크는 로켓 전문가가 아니었다. 그랬기에 할 수 있었던 질문이다.

다르게 생각하면 답이 보일 수 있다! 일론 머스크가 만약 괴짜가 아닌 일반 과학자라면 기존의 틀대로 로켓 개발을 시도했을 것이다. 과학자가 아니라 사업가였기에 혁신을 만들 수 있었다고 본다. 그렇다면 사업가가 제일 중요하게 생각하는 게 뭘까? 그건 비용을 절감시킬 수 있는 방법을 찾는 것이다. 여기서부터 일반 과학자들과 시작점이 달라진다. 로켓을 우주 배송 업체라고 생각해 보자. 우송 업체의 핵심은 무엇보다 운송비 절감이 가장 중요하다.

일반적으로 로켓 발사에 드는 평균 비용 약 700억~1,100억 원 정도 든다고 한다. 그런데 1단 로켓 재활용 시 비용은 약 350억 원으로 줄어든다. 사업가인 일론 머스크는 여기에 집중했다. 그래서 스페이스X의 최종 목표는 발사에 드는 비용을 1/10로 줄이는 것이었다. 이 생각을 실제 성공했기에 획기적으로 발사 비용을 절감할 수 있게 되었고 새로운 우주 비즈니스 시대를 개척할 수 있었다. 원래는 재활용 로켓 시장 점유율은 0%였다. 그런데 이제는 재활용 로켓 시장 점유율 60%까지 되었다.

없던 개념을 만든 일론 머스크. 혁신의 실마리가 된 건 바로 '1단 로켓 다시 쓰면 안 돼?'라는 질문에 있었다. 몇 자리 남지 않은 포화 상태인 취업의 문만 바라볼 것이 아니라 우리도 돌+아이 일론 머스크처럼 없던 시장을 새로 만들기 위해 질문을 던지고 그 질문의 답을 찾아낼 수 있어야 한다. 앞으로 이런 변화는 외국에서는 더 많아질 것이다. 그런데 시대의 흐름을 읽지 못하고 여전히 대학만을 위해 공부하게 된다면 우리나라는 개발도상국이 아닌 후진국의 길로 갈 수밖에 없게 될 것이다.

스페이스X에는 계급장 다 떼고 토론하는 문화가 있다. 스타트업이긴 하지만 스페이스X도 나름 큰 조직이다. 큰 조직인데도 불구하고 스페이스X 구성원들이 계급장 다 떼고 토론할 수 있는 이유는 서로를 견제하며 경쟁하는데 쓸데없이 에너지를 낭비하기보다는 모두가 한 방향을 쳐다보며 성공만을 바라보기 때문에 가능한 일이다. 일론 머스크 혼자였다면 불가능했을 도전을 팀원들이 서로를 견제하지 않고 '도전적인 질문(상상)'을 현실로 만들어 내기 위해 같이 상생하며 노력했기에 가능할 수 있었다.

20년 전에 일론 머스크가 했던 질문을 그 당시 사람들이 봤을 때는 '와 미친놈도 정말 이런 미친놈이 없다'였다면 20년이 지나서 보니 일론 머스크는 그냥 해야 할 '질문'을 했던 평범한 사람이었다. 지금 당신의 생각, 돌+아이 같은 생각이라고 생각하는가? 1년 후, 3년 후, 5년 후, 10년 후를 생각해 봐라. 완성된 모습을 생각해 보면 지금은 돌+아이처럼 보이는 질문도 너~~~무 당연한 질문이 되어 있을 것이다.

탄소 문제, 전기 자동차 문제, 로켓 문제 등 언젠가 민간에서 해야 했던 질문들이다. 그런데 당시 질문을 던진 사람은 일론 머스크 외에도 많았을 것이다. 그 질문을 줄기차게 끌고 가서 실행까지 했던 유일한 사람이 일론 머스크였을 뿐이다.

미친놈이 성공하게 되면 미친 분이 되는데 그때 '그 사람은 남달랐어!', '성공할 줄 알았어!' 등의 말을 듣게 될 것이다. 지금 자녀가 엉뚱한 질문을 한다며 자녀를 욕했다가 나중에 부끄러운 부모가 되지 않길 바란다. 만약 당신 때문에 자녀가 그 질문을 멈추게 된다면 당신은 우리의 미래를 멈추게 한 것이다. 그런데 이렇게 죽어가고 있는 질문이 너무 많다는 것이다. 그래서 우리의 교육이 미쳤다는 것이다. 질문만 할 수 있는 기회를 열어 준다면 우리나라에도 '일론 머스크'가 많이 탄생할 수 있을 것이다. 사실 이런 과정이 있어야 한다. 미친 질문을 하고 누군가는 찬물을 끼얹고 그 찬물이 틀렸다는 것을 보여주기 위해 또 덤비고 덤비는 과정을 반복하다 보면 예기치 못한 어느 순간에 발전을 이룩하게 되는 것이다. 다른 사람이 안 된다는 이야기 중 헛소리도 있지만 그들의 단서를 통해 반대로 생각해 본 결과 답을 얻을 수도 있으니 말이다.

우리 사회에는 더 이상 착한 학생은 필요 없다. 착한 학생이 아닌 삐딱한 학생이 필요하다. 착한 학생을 좋아하는 이유는 학교 선생님들 대부분이 학창 시절에 착한 학생으로 그냥 생각 없이 의자에 오래 앉아 공부를 잘했던 스타일이었기 때문이다. 내가 그냥 하는 이야기가 아니다. 학교에서 강연 후 나의 강연을 들었던 학교 선생님들에게 직접 들었던 이야기다. 오해 없길 바란다. 그렇다면 착한 학교 선생님들과 다르게 질문을 잘하는 방법은 뭘까? 기존의 교과서가 정답이 아닐 수 있다는 삐딱한 자세가 필요하다. 좋게 말하면 새로운 관점에서 세상을 들여다볼 수 있어야 한다.

Chaper 28

𝄆 세 살 버릇 여든까지 간다?

지금까지 책을 열심히 읽었다면 '뭐야? 다들 비상한 사람들의 이야기잖아?' 이런 생각을 하는 분도 있을 것이다. 그들은 처음부터 천재가 아니었지만 그들의 현재 모습만 보고 처음부터 우리랑 다른 세계인 화성에서 온 사람들이라는 생각을 가지고 있는 사람도 분명 있을 것이다. 그렇다면 이번 사례를 통해 여러분의 생각의 '틀'이 한 번 더 깨지길 바란다.

우리는 여행을 가거나 특별한 날을 기억하기 위해 꼭 하는 행위가 있다. 그건 바로 사진을 찍는 일이다. 이제 사진은 우리 삶에서 떼려야 뗄 수 없는 존재가 되었다. 나는 글을 쓰는 작가이지만 아내랑 있을 때면 내가 글을 쓰는 작가인지 사진을 찍는 작가인지 헷갈릴 때가 종종 있다. 아내의 사진작가로 5년 정도 활동하다 보니 글을 쓰는 능력보다 사진 찍는 능력이 더 뛰어나게 된 것 같다. 내가 아내의 사진작가가 될 수 있었던 비결은 스마트폰으로 찍은 사진을 바로 확인할 수 있기 때문이다. 찍은 사진을 보며 좀 더 좋은 구도, 각도 등을 다시 잡을 수 있다. 눈을 감았거나 마음에 들지 않는 사진이 있다면 얼마든지 삭제하고 다시 찍을 수 있기에 기술의 발달로 사진 찍는 기술이 자연스럽게 좋아질 수 있었다. 그런데 폴라로이드가 나오기 전에는 사진관에서 사진을 현상하기 전까지는 찍은 사진을 확인할 수가 없었다. 필름 카메라를 쓰던 시절에는 한 번에 완벽한 사진을 찍기 위해 엄청난 준비가 필요했던 기억이 난다.

1943년 한 가족이 휴가를 즐기고 있었다. 휴가를 즐기던 중 딸이 질문을 던졌다고 한다. 그녀의 질문은 "아빠! 왜 사진은 찍고 바로 볼 수 없어요?"로 지금은 너무나 당연한 질문이지만 그 당시에는 말도 안 되는 질문이었다. 그런데 당시 편광판과 필름 분야에서 일하던 아빠 에드윈 랜드는 딸의 질문에 영감을 받아 한 시간 만에 '즉석 사진기' 초안을 구상했다고 한다. 여기서 알 수 있듯 그녀의 아버지는 그 분야의 전문가였다. 그런데 전문가였던 그녀의 아버지조차 지금은 너무나도 단순한 일인 '왜 사진은 찍고 바로 볼 수 없을까?'라는 질문을 스스로 던지지 못했다.

폴라로이드는 그 당시의 기술로 충분히 구현할 수 있는 제품이었다. 폴라로이드는 그 당시 기술과 세 살짜리의 단순한 질문이 더해져 탄생할 수 있었다. 이 사건만 보더라도 새로운 생각은 우리와 다른 존재인 특별한 사람만 할 수 있는 게 아니다. 변화를 이끄는 건 절대다수가 불편함을 느끼거나 변화의 필요성을 느끼고 있던 걸 현실이 될 때까지 도전하는 사람이다. 포기하지 않고 끝까지 도전하기 위해서는 내가 좋아하는 분야의 공부를 해야지만 포기하지 않고 끈기를 가지고 끝까지 할 수 있다. 이렇게 자신만의 생각을 현실화시키기 위해 공부가 필요한 것이다. 세상을 바꾼 혁명적 발명품 폴라로이드 랜드는 이렇게 탄생이 되었다. 세 살배기가 가지고 있던 그 호기심, 틀에 갇히지 않는 그 당돌함이 '최초의 즉석카메라'를 탄생시켰다. 그래서 나는 책에서 이야기했던 분들이 천재라기보다는 될 때까지 끝까지 하는 끈기가 좋은 사람이라고 생각한다.

안타깝게도 우리 사회는 여전히 질문을 권위에 대해 도전으로 받아들이고 있다. 선생님, 전문가들한테 질문을 했다가 '한 소리' 들은 것 같아 질문을 자체적으로 휴지통에 버리고 있다. 전문가가 아니면 자기의 생각을 철없는 생각이라고 스스로 받아들이게 만드는 분위기는 세 살배기의 천재성을 사라지게 만든다. 그 당시의 사진 교과서를 본 적도 없는 세 살배기가 사진 교과서에 벗어나는 질문, 과감히 손을 삐딱하게 들 수 있는 분위기가 우리 사회에 필요하다. 전문가만 맹신하며 전문가의 말이라면 무조건 법으로 받아들이는 우리 사회에 순순한 용기가 필요하지만, 그 심리적 저항을 뚫고 손을 드는 힘, 우리 사회에서는 여전히 너무 어려운 일이다. 그래서 일론 머스크와 같은 돌+아이가 우리 사회에도 필요하다. 기존의 고정관념과 관행에 의문을 품고 질문해야 한다. 당당하게 질문하는 사람은 그저 당돌한 사람으로 취급하지 말자! 세 살 버릇 여든까지 갈 수 있도록, 그래서 사회 보장이 없어도 스스로 노후를 대비할 수 있는 어른이 될 수 있도록 만드는 게 이제는 정말 중요한 일이 될 것이다.

Chaper 29

𝄆 기존 방식에
의문을 가져라

'질문'을 통해 로봇의 새로운 패러다임을 제시한 인물이 있다. 이에 따라 다르파로부터 지원금까지 받았다고 하는데 기존 방식에 의문을 품고 질문을 던진 사람은 김상배 MIT 교수다. 김상배 교수로부터 시작된 로봇의 새로운 패러다임은 무엇일까? "MIT에 와서 처음 했던 연구들은 로봇의 디자인 패러다임을 바꾸는 거였어요." 로봇은 시작부터 인간의 노동을 대신하기 위해 만들어진 것으로 그래서 공장에서 제일 먼저 로봇이 사용되었다. 위치 제어 기반으로 정밀한 동작을 하도록 설계된 공장용 로봇에서 이제는 공장을 벗어나 물리적 서비스를 제공하기 위해 돌아다녀야 하는 로봇으로 발전하는 중이다.

지구가 회전할 때 엄청난 소음이 발생한다고 한다. 만약 인간이 그 소리를 들을 수 있다면 우리의 고막은 안전하지 못할 것이다. 모든 소음을 다 느끼지 못함에 감사함을 느낀다. 이와 마찬가지로 우리가 한 걸음 내디딜 때마다 엄청난 충격을 우리 몸은 받고 있다고 한다. 엄청난 충격을 견딜 수 있게 설계된 인간의 몸을 보며 신비하다는 생각밖에 들지 않는다. 인간과 마찬가지로 돌아다니는 로봇에게 가장 중요한 건 충격을 흡수할 수 있는 기능이다. 만약 로봇이 충격을 못 견디면 사람처럼 움직일 수 없다. 그래서 세계적인 로봇 기업 보스턴 다이내믹스의 선택은 유압이었다. 유압은 기름의 압력을 말하는데 주로 굴삭기, 포클레인 같은 중장비에 쓰이며 충격을 잘 버티고 강한 힘을 낼 수 있기에 전문가들은 '유압'방식으로 로봇을 제작하는 걸 당연하게 생각했다.

당시 조교수였던 김상배 교수의 질문은 '전기 모터를 이용해 충분히 로봇을 만들 수 있을 것 같은데?'였다. 그러나 당시 학계의 상식(교과서)은 전기 모터로는 로봇이 돌아다닐 수 있게 만드는 건 불가능하다고 생각했다. 전기 모터는 공장용 로봇에 쓰던 방식으로 힘도 약하고 충격 흡수에도 불리하다는 게 전문가들의 생각이었다. 로봇을 만들어 본 적 없는 조교수가 "전기 모터로도 가능하다"라는 말은 당시 전문가들은 귀담아듣지 않았다. 이에 따라 보스턴 다이내믹스도 김상배 교수를 경쟁자로 생각하지 않았다. 난 이게 오히려 기회였다고 생각한다. 견제가 전혀 없으니 자신만의 속도로 공부하고 연구하고 성장할 수 있는 기회를 얻을 수 있게 된 것이다. 김상배 교수가 아무리 실패해도, 아무리 늦게 발명해도 아무도 이 길을 선택조차 하지 않았기에 결국 성공하는 순간 그는 ONLY ONE이 될 수밖에 없었다.

'우리가 전기 모터로 다 해봤는데 그거 안 돼!' 이 생각이 틀렸다고 생각하지는 않는다. 그들이 어느 정도 다 해 본 건 맞을 것이다. 그런데 그들이 다 해봤는데 안 됐던 이유는 기존의 틀에서 제시하는 안 되는 방식으로 계속 연구했기에 불가능한 결과를 얻었을 것이다. 다른 길로 성공하고 싶다면 교과서에 나오는 그 틀만 피해서 도전하면 엄청난 시행착오를 줄일 수 있다고 본다. 그렇게 도전하면 된다.

"전기 모터로 이동형 로봇 제작하려는 일은 SF, 공상 과학에 불과하다." 김상배 교수는 수많은 비난과 조롱에 굴복하지 않고 전기 모터도 공장형 로봇과 다르게 디자인하면 충분히 충격도 흡수할 수 있고 강한 힘으로 빨리 돌아다닐 수 있다는 것을 MIT 치타 로봇을 통해 보여줬다. 전기 모터로 유압보다 강한 힘을 내는 로봇을 만들 수 있다는 것을 증명해 낸 역사적인 일이다.

김상배 교수가 순탄하게 성공한 것은 아니다. 다르파 매니저한테 보고하기 일주일 전에 빠른 속도로 인해 치타 로봇이 폭발하게 된다. 더 이상 실험을 할 수 없는 상태가 되었다. 다르파 매니저 길 프렛이 혼자 오지 않고 보스턴 다이내믹스 창립자 마크 레이버트가 같이 왔기에 그냥 로봇이 폭발하는 비디오를 보여줬다고 한다. 그런데 김상배 교수의 예상과 다르게 둘 다 충격을 받게 된다. 폭발로 인해 충격을 받은 것이 아니라 '전기 모터가 이렇게 강한 힘을 낼 수도 있네?'라는 자신의 틀이 깨지는 충격에 놀랐다. 마크 레이버트도 "지금까지 유압이 최고인 줄 알았는데 생각이 좀 바뀌네요."라고 말했다.

고정관념에서 벗어난 질문을 시작으로 로봇의 새로운 패러다임이 생겼듯, 대학이 최고라는 생각의 틀을 깨고 공부를 바라봐야 한다. 우리 학생들의 재능은 다 다른데, 학교 시스템만으로 우리 아이들을 평가하고 있지 않은가. 이건 시스템을 만든 사람, 시스템을 관리하는 정부와 선생님들만 편할 뿐이다. 아이들의 재능이 이것보다 더 큰데 재능을 막는 학교 시스템에 의문을 좀 던지자. 학생들이 재능을 발산, 표출할 수 있는 기회조차 박탈하지 말자. 치타 로봇은 장애물을 만나면 점프도 할 수 있으며 심지어 공중회전도 가능하다. "인간 대신 위험한 곳에 이 로봇을 보낼 수 있어요. 예를 들면 방사능이 많은 핵발전소 같은 곳이죠." 4족 보행 중 최초로 공중제비에 성공한 '미니 치타!' 이제는 MIT 생체 모방 로봇 연구소를 이끄는 세계적인 로봇 공학자 김상배 교수가 되었다.

질문을 통해 답을 얻는 방식은 기존에 있던 길이 아닌 새로운 길이기 때문에 장애물이 많을 수밖에 없다. 장애물을 만났을 때 피하거나 포기하지 않고 자녀들이 장애물을 만나면 점프할 수 있도록 동기 부여 및 끝까지 도전할 수 있는 여유(시간)를 보장해 줘야 한다. 그러면 공중회전도 가능하게 될 것이다.

　이제는 보스턴 다이내믹스도 전기 모터로 로봇을 만들고 있으며 대박 사건은 유압 프로그램이 없어졌다는 것이다. 시간이 지나면 다양한 이유로 대학이 없어지게 될 것이다. 그때 없어진 걸 다 확인하고 나서 마지막으로 새로운 공부에 도전할 것인가? 앞서가고 싶다면 선두주자가 되어야 한다. 한동안 진리라고 여겨졌던 유압 로봇의 시대를 끝낸 유압 킬러 교수처럼 이 책을 통해 대학의 시대를 끝낸 질문 킬러가 우리나라에 많아졌으면 한다. "내 할 일을 '다'했다. 내 소명을 다했다"라고 말하고 다닐 수 있게 된 김상배 교수처럼 자신의 소명을 찾아 그것을 세상에 더할 수 있도록 교과서 밖 '질문'으로 기존의 패러다임을 끝내고 다음 문을 열 수 있어야 한다.

　경쟁자로 생각하지도 않았던 보스턴 다이내믹스는 '치타 로봇'을 벤치마킹해 '스팟 미니'를 만든 걸 보면 기존의 전문가들이 늘 정답은 아니라는 웃픈 현실을 볼 수 있다. 현재 글로벌 로봇 산업에서 전기 모터 방식은 새로운 표준이 되었다. 기존의 상식을 뒤엎는 '질문'의 힘이 세상을 변화시켰지만, 이 새로운 표준도 10년 뒤, 새로운 질문을 던지는 누군가로 인해 어떻게 달라질지 모른다.

　김상배 교수는 박사 학위를 준비할 당시 도마뱀의 발바닥을 모방해서 스티키봇을 개발했는데 이 작품은 2006년 타임지가 뽑은 최고의 발명품으로 선정되었다. 의생학을 하고 있는 김상배 교수를 보며 '기껏 하는 게 자연 흉내 내는 거야?', '이런 것도 연구인가?'라고 생각하는 사람들이 많은데 사실 그게 연구다. 강력한 교과서라는 틀 속에서는 "원래 로봇이 돌아다니기 위해서는 '유압'이라는 걸 활용할 수밖에 없어." 모두가 이렇게 말할 때 손을 들고 "'전기 모터'는 왜 안 되지?" 압력을 이겨 낸 용기 있는 질문이 참 중요하고 필요하다. 이게 가능했던 이유는 아직 물들지 않은 조교수였기에 가능했던 것도 있듯, 깊이 빠져들기 전에 뇌가 말랑말랑한 상태일 때 신선한 질문을 던지는 습관이 정말 중요하다.

2023년 한국 사회에 던지고픈 메시지로 "새로운 장르를 열겠다."라는 돌+아이들이 많이 나왔으면 한다. '대학 대신 진짜 나만의 공부하고 싶다'라고 당당히 외치는 것에서 그치지 않고 실제로 할 수 있는 학생들이 필요하다. 한두 명이 아니라 정말 많은 학생이 필요하다. 이 글을 읽고 있는 부모의 자녀들은 꼭 그런 학생이 되었으면 한다. 그리고 우리 어른들은 질문을 던지는 학생들을 품고 그들이 그것들을 현실화시킬 수 있도록 키워 주는 사회가 되어야 한다.

김상배 교수 사례를 통해 강력한 교과서의 압력을 이겨 내고 질문하는 습관이 중요하다는 걸 다시 깨닫게 해준다.

Chaper 30

질문을 통해 답을 찾는 게 어려운 이유

사람들은 누구나 익숙한 걸 좋아한다. 그리고 어느 정도 노력하면 성공이 보이는 길을 좋아한다. 이에 따라 대학을 가고, 취업을 준비하는 길이 솔직히 편하긴 하다. 정보를 얻기도 편하고 성적이라는 결과도 바로바로 확인해 볼 수 있다. 자녀의 상태를 다른 친구들과 비교도 가능하기에 나름 객관적으로 볼 수 있는 것도 사실이다. "다들 그렇게 살아가는데 왜 너만? 그냥 시키는 대로만 해! 그냥 조용히 하고 대학이나 가서 좋은 기업에 취직하는 게 최고야!"라고 우리 사회는 여전히 말한다. 이게 여전히 가능한 사회라면 나도 수긍하고 이딴 글을 더 이상 쓰지 않겠지만 내가 봤을 때는 그냥 시키는 대로만 하다가는 대한민국이 전체로 지옥 불로 떨어질 것 같아 글을 멈출 수가 없다. 잘 팔리는 책, 남들과 비슷하게 말하는 책을 쓸 수도 있지만 대한민국의 미래를 생각하면 그럴 수 없다. 나를 미쳤다고 하는 사람들도 있지만 '나의 미침'이 이전 시대의 '마침'이 되길 원하며 '마침' 새로운 방법을 찾던 그 누군가에게 도움이 되길 원하는 마음에 오늘도 글을 쓴다. 너무 어두운 깜깜한 어둠 속에서 작은 반딧불이 큰 힘이 되듯, 이 책이 다른 길을 걷고 싶지만 그저 막막한 사람들에게는 반딧불이 될 수 있길 바란다.

나의 처형인 박지은 양이 늘 하는 말이 있다. "부모가 하라는 대로 살아가면 딱 부모의 인생밖에 살지 못한다." 아무리 훌륭한 부모라도 내 자식이 나만큼만 살기 원하는 부모는 없을 것이다. 나를 넘어서 더 훌륭한 사람이 될 수 있길 꿈꾸는 건 모든 부모의 바람일 것이다. 그렇다면 나와 같은 방법이 아닌 새로운 시대의 새로운 공부법을 찾는 게 힘들더라도 필요한 부분이라고 생각한다. 좋은 학원, 좋은 대학을 보내기 위해 고군분투하는 데 에너지를 쏟는 대신 관성에서 벗어나서 자녀만이 할 수 있는 공부를 할 수 있도록 해주는 일에 고군분투해 주길 바란다. 중력처럼 발목을 잡는 과거의 습관들을 벗어날 수 있어야 한다. 이제는 과거의 공부법은 과감히 버려야 살 수 있다. 계속 이야기하지만, 대학이 꼭 필요한 공부도 있다. 의대, 법대 등은 대학이 필요하다. 그런데 의사와 변호사도 곧 없어질 직업에 포함되어 있다는 사실 아는가? 정말 소수의 의사, 법조인 말고는 지금만큼의 의사와 법조인이 필요 없는 사회가 곧 도래할 것이다. 내가 그냥 말하는 것이 아니다. 글로벌 컨설팅 회사 맥킨지는 '코로나19 이후 일자리의 미래'라는 보고서를 통해 미국 등 선진 5개국의 근로자 10명 중 1명꼴로 향후 10년 이내에 직업을 바꿔야 할 것이란 분석을 내놨다. G7중 다섯 나라(미국·독일·영국·프랑스·일본)와 중국·인도·스페인 등 8개국에서 800개 직종의 2,000개 직무를 분석한 결과다. 이 같은 변화의 물결은 안전하다고 생각했던 의사들도 피하지 못할 듯하다. 고용노동부와 한국고용정보원은 '2021 한국직업 전망'에서 의사 직업군에 대해 "의료 분야에 활용할 수 있는 AI 기술의 발전과 의료 시장 경쟁이 심화하면서 개업의의 폐업이나 지역 재배치 그리고 개업의에서 임금을 받고 근무하는 의사로서 전환도 더욱 빈번해질 전망"이라고 예측했다.

실제로 근전도 검사는 AI 판독이 의사보다 정확도가 19% 높았으며, AI가 판독한 CT 영상, 국내 의료진이 충수염 진단을 위해 개발한 인공 지능(AI) 모델을 통해 컴퓨터 단층 촬영(CT) 영상을 분석한 결과 정확도가 90%에 달했으며 위 조직의 현미경 화상으로부터 암 여부를 약 95%의 정확도로 판별할 수 있는 인공 지능(AI)도 개발되었다. 위암 조기 발견 정확도는 98.5%, 진단이 까다로운 것으로 알려진, 급성백혈병은 AI(인공 지능) 모델 급성백혈병 진단 결과 정확도가 99.1%가 나왔다고 한다.

실리콘밸리 스타트업 '로스 인텔리전스'에서 제작한 로봇 변호사 로스(ROSS)가 미국 대형 법무법인 베이커앤호스테틀러에 채용되었다. 로스는 '머신 러닝'을 통해 수천 건의 관련 판례를 수집해 분석한 뒤 베이커앤호스테틀러가 담당하는 사건에 도움이 될 만한 내용을 골라내는 역할을 했다. IBM AI 왓슨과 연계된 로스는 1초에

80조 번 연산하고 책 100만 권 분량의 빅데이터를 분석, 자체 학습할 수 있다. 변호사는 의뢰인의 변호에 더 집중할 수 있으며, 필요한 구절을 찾느라 많은 시간을 할애해 판례를 읽는 대신 보다 창조적일 일을 할 수 있어 유용하다는 평가다. 법률 분석 서비스 제공 업체 '렉스 미키나'는 자연어 처리 기술을 통해 판례 추이를 분석함으로써 특정 사건에 대한 판결이 어떻게 나올지 예측 시도했다. '케이스텍스트'는 크라우드 소싱을 이용해 수천 건의 주 법원과 연방법원 판례를 분석했다. 미 대법원, 형사 재판에서 AI 알고리즘 자료를 처음으로 합법화했다. AI는 이미 변호사로 채용돼 활동하고 있었으나 보조 역할에 불과했는데 최근 AI가 사람을 심판하는 재판에도 활용된 것이다. 미국 위스콘신 주 대법원은 AI 알고리즘 자료를 근거로 형사 재판 피고인에 대해 중형을 선고한 지방법원의 판결이 '타당하다'고 인정했다. 스타트업 '노스포인트사'가 만든 '컴퍼스'는 알고리즘을 통해 "피고인은 폭력적이고 재범 가능성이 큰 위험인물"이라는 결론을 냈고, 담당 판사는 이를 인정해 징역 6년 형을 선고했다. 미국 법원이 '재판의 효율성과 일관성' 등을 위해 AI 기기를 재판에 암묵적으로 활용해왔지만, 실제 이를 합법화한 판결이 나온 것이 처음이다. 처음이 어렵지 이제 앞으로 AI 판사의 비중은 더욱 커지게 될 것이다.

2022년 세계 경제 순위를 보면 한국은 12위를 기록하고 있다. 그런데 지금과 같은 시스템을 계속 유지한 채 시간이 흐르게 된다면 2050년에는 한국은 몇 위일까? 충격적이지만 우리가 무시하고 있는 중국은 1위, 우리보다 못 사는 나라라고 인식하고 있는 인도는 3위를 기록할 것으로 예상한다. 그럼 한국은 12위보다 더 앞으로 성장했을까? 안타깝게도 한국은 15위권 밖으로 벗어나게 된다. 먼 나라 이웃나라인 일본은 6위인데 말이다. 2075년에는 중국, 인도, 미국, 인도네시아, 나이지리아로 경제 순위를 예상 중이다. 미국, 중국 말고는 나머지는 우리나라 밑이라고 생각하고 있지 않은가? 파키스탄 6위, 이집트 7위, 브라질 8위 순으로 독일, 영국 등 선진국으로 알려져 있던 나라들도 후진국이라고 생각했던 나라들 뒤에 위치할 것으로 예상한다. 후진국이었던 나라가 경제 대국에 진입하게 될 것이라고 예상하는 이유가 뭘까? 전문가가 부족했고 틀이 부족했기 때문에 기존의 방식이 아닌 현재 시스템에 맞는 방식 안에서 이것저것 질문을 던지면서 다양한 시도를 했기에 급성장할 수 있는 기회를 얻었다고 생각한다.

이 시대를 타개할 방법은 질문밖에 없다. 기존 정해진 틀에 질문을 계속 던지면서 새로운 패러다임을 제시할 수 있어야 한다. 질문하지 않고는 이제 생존할 수 없다. 앞에서 이야기했던 것처럼 기술 선진국은 게임의 규칙을 계속 바꾸고 있다. 추격자들은 새로운 규칙에 적응하는데, 온 에너지를 쓸 수밖에 없다. 그러면 기술 선진국들은 따라올 때쯤에 게임의 규칙을 살짝만 비틀어도 추격자들을 한 번 더 따돌릴 수 있다. 그러면 다시 새로운 룰을 만드는 시간을 충분히 확보할 수 있을 것이다.

현재는 산업의 주도권을 미-중이 잡고 있다. 산업의 주도권을 둘러싼 미-중 패권 경쟁에서 미국이 가장 후회하고 있는 것 중에 하나로 2001년 12월 중국의 WTO(세계무역기구) 가입 지원을 허용한 것이라고 한다. 당시 빌 클린턴 미국 대통령은 "이 협정은 미국에 이익이 됩니다. 거의 모든 분야, 특히 농업, 통신, 자동차 등에서 우리 상품의 중국 시장 접근이 쉬워집니다."라고 이야기하며 미국의 혁신 방향 제시했지만 아이러니하게도 중국의 값싼 노동력, 엄청난 생산량으로 생산기지 역할을 20년 동안 빼앗기게 되었다. 결정적으로 공장들이 중국으로 이동하게 되면서 질문하는 능력도 함께 이동하게 되었다. 이때부터 중국 현장에서는 새로운 도전적 질문들이 던져지기 시작했다. 중국 내부에서 스스로 질문을 던지고 스스로 검증하게 되면서 질문 역량을 키워 나간 중국은 미국의 예상을 뛰어넘는 엄청난 성장을 이룩했다. 질문의 힘은 어마어마하다. 어떻게 사용하느냐에 따라 0이 될 수도, 무한대가 될 수도 있다. 반대로 새로운 질문을 키워 나갈 환경을 잃어버린 미국은 테스트할 현장이 없어졌기 때문에 새로운 질문을 하게 되더라도 그것을 검증하기까지 오랜 시간이 걸릴 수밖에 없게 되었다.

PART 4

스트레스로
고통만 받고 있다면

Chaper 31

위대한 미국의 귀환?
위대한 한국의 귀환!

위에서 말한 것처럼 제조 현장 아웃소싱으로 혁신까지 아웃소싱 된 미국, 정신 차리고 보니 스스로 할 수 있는 게 아무것도 없어졌다. 그래서 현재 위대한 미국의 귀환을 위해 엄청난 노력을 하고 있다. 엄청난 노력과 시간이 필요하겠지만 문제점을 찾아냈기에 다시 한번 위대한 미국으로 돌아갈 수 있는 기회를 얻었다고 생각한다.

그렇다면 우리는 위대한 한국으로 나아가고 있는가? 미국은 제조 현장 아웃소싱으로 혁신까지 아웃소싱이 되었다면 우리는 스스로 질문하고 공부할 기회를 놓친 채 학원 및 과외로 내 공부를 아웃소싱하고 있다. 그렇다면 내 미래도 아웃소싱 당하고 있는 것 아닌가? 실제로 학원 및 과외에 의존된 청소년들이 20대가 되었을 때 스스로 일을 할 수 없어서 사회적 문제가 되고 있다는 걸 뉴스나 기사를 통해 많이 볼 수 있다. MZ를 욕할 것이 아니라 MZ를 그렇게 키운 부모와 사회를 먼저 탓해야 한다고 본다.

　선생님들도 발전 없이 수능 패턴에만 갇혀서 수업을 준비한다. 이 얼마나 편한 일인가! 그러니 온 열정을 다해 학교 선생님이 되려고 하는 게 아닐까? 2~3년만 학교 수업하고 나면 그 패턴으로 20~30년을 가르치면 되니 말이다! 선생이라는 직업도 3년 이상 하다 보면 이 분야에 전문가가 되는 건 자연스러운 일인데 앞에 글에서 말했던 것처럼 전문가들은 자신만이 정답이며 자신이 했던 방법대로만 가르치는데 이런 선생 밑에서 혁신적인 학생들이 나오는 게 한강의 기적이라고 생각한다. 진짜 전문가면 철학이 있어야 하며, 그 철학대로 책 한 권 쓸 수 있어야 한다고 생각하는데, 대한민국 학교 선생 중에서 몇이나 자신의 책을 쓸 수 있겠는가! 선생이 먼저 미래를 공부하고 고민해서 그 내용들을 학생들에게 전달해 줘야 하지 않을까? 이렇게 20년 이상 된 선생들은 초엘리트 전문가가 되는데 결국 20년 전의 공부랑 달라지는 게 없다. 그러니 전문가들과 기득권들은 기존의 틀을 부스는 걸 극도로 싫어한다. 가장 최신 트렌드에 맞게 공부하고 늘 배움의 자세에 있어야 하는 분들이 말이다! 지금 축적하는 것이 당신 자녀의 미래가 될 텐데 무엇을 축적할 것인지 빠르게 잘 선택하길 바란다.

　메가스터디 현우진 수학 강사는 15년도 강의에서 "제가 약간 위험한 말이지만은 여러분들이 나중에 대학을 가고요. 직장을 가고 취업할 때는요. 사실 학벌 자체가 크게 중요하지 않을 수도 있어요.

실제로 지금도 보시면은 서울대랑 연대랑 고려대가 약간 붕괴가 되고 있지요. 경계선이. 예전에 어머니 세대만큼 확실하지 않거든요. 그게 뭐에 대한 반증이 되냐면은 학벌보다는 능력이 더 중요해요. 그 능력은 제가 보기에는 여러분들이 살아갈 시대는 사고력인 거 같아요. 그럼, 생각을 이렇게 할게요. 자 오늘부터 '책을 많이 읽어라.' 하지 마시고 어떻게 읽어야 할지 이걸 고민하시는 게 맞습니다. 읽으면서 생각을 하는 게 맞지 않을까요?"

메가스터디 손주은 대표는 "그래서 부모 세대는 어떤 생각을 했냐? 대학을 잘 나오는 게 곧 성공이었어. 부모의 시대는 명문대 진학 = 성공. 그래서 이런 대기업들에 다 가고 그래서 한국적인 치열한 입시가 나왔어. 근데 이분들이 이제 자녀를 낳고 애들 중·고등학교를 보내니까 자기가 그 경험을 해보니까 우리 애들 시대도 대학 잘 나오는 게 중요할 거라는 생각을 하는 바람에 대한민국의 사교육이 상상도 못 할 정도로 비약적으로 큰 산업이 돼버렸어요. 한국의 사교육은 고도 압축 성장, 한강의 기적이 만들어 낸 또 하나의 부산물이다. 부모 세대의 경험을 자녀에게 이식하려는 일종의 착시 현상이다. 이제 그런 일은 안 일어날 거예요. 제가 사교육 기업의 총수 아닙니까? 저는 어떤 생각을 하느냐 갑자기 사교육이 절벽이 일어날 거예요. 대한민국의 사교육은 어느 한순간 빵 떨어져서 사라질 거예요. 그게 10년, 길어도 20년 안에 사라질 가능성이 큽니다. 그래도 아직 메인은 입시입니다. 그래서 우리 부모 세대부터 생각을 좀 바꾸셔야 합니다. 교육 패러다임이 이미 바뀌었다. 부모님이 경험했던 그런 시대가 아니다." 그래도 아직 메인은 입시라는 이야기가 나오기 전까지는 100% 공감했다. 그런데 아직 메인은 입시라고 말하는 건 모순적이지 않을까? 모순은 중국 초나라의 상인이 창과 방패를 팔면서 창은 어떤 방패로도 막지 못하는 창이라 하고 방패는 어떤 창으로도 뚫지 못하는 방패라 하여, 앞뒤가 맞지 않은 말을 하였다는 데서 유래된 말로 현재 청소년들은 10~20년 절벽에 떨어지기 전 세대니, 절벽 떨어지기 전에 마지막으로 대학에 목숨을 걸라는 것 아닌가? 결국 대학 나오는 건 대기업 취업을 위함이 아닌가? 우리의 배움은 여전히 창업과 리더가 되는 길보다는 취업만을 가리키며 가르치고 있는데 말이다!

　　세계적인 아티스트 BTS의 RM이 이런 말을 했다. "저도 그런 생각을 되게 많이 했던 게 에미넴이나 나스라든지, 칸예 웨스트라든지, 에픽하이 타블로형이라든지, 그런 분들을 보면서 자랐는데 아무리 해도, 제가 그 사람들보다 기술적으로 랩을 더 잘할 것 같지는 않아요. 그리고 가사도 모르겠어요. 깊이가 막 엄청 그 사람들보다 있는 거 같지도 않고 단순히 나는 이제 BTS라는 팀을 해서 영역을 얻긴 했지만. 굳이 내가 내 솔로 음반을 굳이, 굳이 내서 어떻게 보면 이 소음 주파수 덩어리를 굳이 그 음악 플랫폼 사이트 옆에(둬야 하나.) 예를 들면 서점이면 그 옆에(책을) 하나를 꽂아 놔야 할 이유가 뭔가? '이 마음은 무엇인가?'라고 생각했을 때 결국 제가 잘하는 나스, 에미넴, 칸예 웨스트, 타블로가 하지 못하는 나만의 모서리가 있다고 저는 믿거든요. 그 오리지널 한 주파수가 분명히 있다. 그게 뭐 95.9인지, 97.1인지는 모르겠지만 분명히 나한테도 그 모서리가 있다고 믿는 그 마음 때문에 저랑 에미넴 앨범이 동시에 같은 날 나온다고 해도 저는 저를 지킬 수 있을 것 같고, 제 유용한 그 마음을 지킬 수 있을 것 같아요."

 RM이 괜히 세계적인 아티스트 팀인 BTS가 된 게 아니었다. 당신의 자녀도 자신만의 주파수를 찾을 수 있었으면 한다. 그래서 경쟁이 아닌 자신만의 소리를 세상에 더할 수 있었으면 한다. 최민수 배우는 명문대를 휴학하고 연기를 하겠다는 아들 최유성에게 이런 말을 해줬다. "유성아, 아빠가 하나만 얘기할게. 오토바이를 타고 가다가 길을 가다 보면 왼쪽 길이 있고 오른쪽 길이 있어. 그럼 누군가가 이러겠지. '어디로 가야 해요?' 근데 상관없어. 네가 가고 싶은 곳으로 가. 다른 길이 있을 뿐 틀린 길은 없어. 그리고 그 길들은 언젠가 다시 만나게 돼. 길은 길마다 다 이유가 있고, 의미가 있어. 난 유성이 너를 굉장히 존중하고 아들이지만 존경하는 부분도 있어. 너에게 있어 경험은 가장 좋은 선생님이야." 최민수 배우처럼 자녀의 모습 중 존경할 수 있는 부분을 먼저 찾길 바란다. 그게 그 아이의 무기가 되어 엄청난 일을 해낼 수 있을 테니 말이다. 그런데 그 존경할 부분마저 무시해 버려 히틀러처럼 그 재능을 진짜 무기로 사용하지 않을 수 있도록 해주길 바란다.

 개그우먼 조혜련이 한 강연장에서 "강호동 씨가 그런 얘기를 했어요. 제 친구잖아요. 70년 개띠. "혜련아, 인생에는 성공과 실패가 있제?"라는 강호동의 말에 "그렇지. 성공과 실패가 있지" 그랬더니 "틀렸다!" 이러는 거예요. "뭐가 틀렸니?"라는 질문에 "성공과 어떻게 실패가 있노. 뭐가 실패고? 대학 떨어지면 실패야? 취직 안 되면 실패가? 인생은 '성공'과 '과정'만 있지!" 그래요. 우리 인생은 끝까지 살아내는 '성공'과 '과정'만 있습니다. 지금 힘들다면 과정이에요. 그것을 무기로 삼아, 거름으로 삼아, 우리 끝까지 살아내는, 성공하는 성공자가 되었으면 좋겠습니다." 이렇게 이야기해 줄 수 있는 어른들이 많아졌으면 한다. 그런데 세상에는 실패자들이 왜 이렇게 많은 것일까? 그 이유는 도전하는 과정을 멈췄기 때문 아닐까? '나도 예전에 해 봤는데 그건 어떻게 해도 안 돼!' 어느 정도 해 보고 과정을 멈췄기에 실패자가 된 것이다. 과정을 멈추지 않는 한 실패란 없다! 조혜련은 말한다. "내 인생의 '바떼리' 다 쓰고 죽겠어요." 그렇게 하려면 더더욱 자신이 하고 싶은 일을 해야 하지 않을까?

최근 미국 산업 정책의 핵심은 '제조 역량을 되살리자.'다. 우리는 '공부 역량(질문)을 되살리자'가 되었으면 한다. 단순히 일자리를 회복하자는 것을 넘어서 혁신의 토양을 회복하는 것이 목표가 되어야 한다. 그래서 미국은 이제 자국에서 생산하겠다고 선언했다. 우리가 기피하는 제조업에 다시 뛰어들겠다는 것이다. 무조건 대기업, 무조건 높은 연봉, 무조건 있어 보이는 직업을 선택하는 행동은 이제 그만하자. 조 바이든 미국 대통령은 "우리가 25년간 들어오던 '미국은 제조업의 중심이 될 수 없다'라는 말 따위가 대체 어디에 쓰여 있습니까?" 2022년 8월 9일 반도체와 과학법을 제정했으며 미국 반도체 산업 육성을 목적으로 미국 내 공장 설립 기업에 25% 세액 공제를 해 주기로 했다. 그런데 우리는 오히려 기업, 회사 등이 살아남기 힘들게 법이 제정되고 있다. 이에 따라 더욱 대학에 집중하게 만들고 취업만이 살길이라고 생각하게 만드는데 부자라는 이유로 무조건 세금을 부과하는 짓, 무조건 재벌을 안 좋게만 바라보게 만드는 교육은 이제 그만하자. 그렇게 욕하는 사람들 다 부자이며 그들은 다르게 살아가는 척하지만 결국 호화스러운 삶을 살고 있으니 말이다. 그렇게 교육받아 놓고 삼성이나 현대 등 대기업에 들어가기 위해 목숨을 거는 건 너무 모순이지 않은가? 그리고 만약 당신이 부자가 된다면 지금 부자들과 다른 삶을 살 수 있다고 자부할 수 있는가?

기술 투자를 미국으로 돌리고 있는 상황에서 우리 그것보다 더 기초가 되는 교육을 제대로 돌릴 필요가 있다.

Chaper 32

스트레스로
고통만 받고 있다면

　유튜브 <황 사장의 황금 노트>가 제작한 영상에는 한 교수가 투명한 컵에 물을 따르기 시작한다. "이 물의 무게는 얼마나 될까요? 멜리사 얼마나 될 것 같아?" 멜리사는 "음……. 200g 정도요?"라고 답했다. 교수가 이어서 말하길 "사실, 이 물의 무게는 중요한 게 아니란다. 얼마나 오랫동안 들고 있는지가 중요한 거야. 1분 정도 들고 있었다면 아무렇지 않겠지. 1시간을 들고 있으면 팔이 조금씩 저려올 거고 만약 온종일 들고 있으면 팔이 무감각해지고 마비가 올 거야. 이 컵에 들어 있는 물의 무게는 변하지 않았지만 오래 들고 있을수록 점점 더 무겁게 느껴진단다. 우리 삶 속에 스트레스와 걱정도 이 컵의 무게와 같아. 잠깐 생각만 하면 별일이 아니지만 조금 더 오랫동안 생각하면 아프기 시작하지. 그런데 온종일 생각한다면 어떨까? 마비가 오고 아무것도 할 수 없는 상태가 될 거야. 항상 기억하렴. 물컵을 내려놓는 것도 필요해."

누구라도 자신이 오래 하던 일을 내려놓는 건 쉬운 일이 아니다. 배우 이이경은 공수도를 중학교 때부터 쭉 하다가 운동을 못 하게 되는 상황이 왔다고 한다. 그러다 보니 심적으로 우울증이 심하게 왔다. 그러던 어느 날 어김없이 학교에 가려고 교복을 입고 양말을 신고 있는데 아버지가 "너만 오케이 하면, 너 오늘부터 학교 가지 마. 아빠가 학교 가서 담임 선생님 만나서 정리하고 올게." 갑자기 예고도 없이 딱 이 문장만 말했다고 한다. 이이경 배우는 순간적으로 "예. 좋은 거 같습니다."라고 말했다. 그러자 아버지는 "교복 벗고 잠깐 집에서 쉬고 있어."라고 말씀하시고 학교에 가서 담임 선생님 만나서 자퇴 얘기를 다 하고 집으로 오셨다. 그 후 이이경에게 딱 앉아서 "네가 지금부터 하고 싶은 걸 찾는 게 어떠니? 아빠 회사 갔다 올게."라며 휴식을 선물해 주셨다.

예능 <놀면 뭐하니?>에서 이이경이 했던 이야기로 이에 유재석은 "아버지가 자식의 마음을 읽고 이렇게 결단을 내릴 수 있다는 거. 이야~(감탄을 금치 못함)." 그리고 그는 그 뒤로 학교에 가지 않고 고등학교를 중퇴했다. 이게 정답은 아니다. 하지만 뭐든 나이에 맞는 정도에서 벗어나면 뒤 쳐져 실패한다고 생각하는 우리 사회에 한 번쯤은 생각해 볼 이야기가 아닐까? 뭐든지 빠르다고 좋을까? 뭐든지 앞서 나간다고 좋을까? 뭐든지 많은 정보를 가지고 있다고 좋을까? 아니라고 생각한다. 그전에 잠깐 멈춰 서서 자신의 존재 가치에 대해 먼저 정리하는 게 첫 번째가 되어야 하지 않을까? 느려

보이고 실패한 것처럼 보일 수 있지만 오히려 더 빠르게 갈 수 있는 원동력을 얻게 되는 과정이라고 생각한다.

<구글마저 이제 끝났다?>라는 기사까지 나오며 전 세계가 '이것' 때문에 난리가 났다. 일론 머스크도 극찬했다고 하는데 이것은 무엇일까? 구글에 'ChatGPT'라고 검색해 보길 바란다. 그리고 이제는 구글이 아니라 ChatGPT 사이트에 접속해서 이제 뭐든지 물어보면 된다. 이게 끝이다. 구글과 네이버랑 비슷해 보이는 검색 기능이 뭐가 그렇게 대단하다는 것일까? 이게 끝이지만 ChatGPT는 일일이 자료를 찾으려고 할 필요가 없다. 그냥 물어보면 된다. 예를 들어, '친구가 고등학생인데 선물 좀 추천해 줘'라고 물어보면 1등 스마트폰 케이스, 2등 스피커, 3등 책(취미와 관심에 맞는 책), 4등 스타일리시한 가방 등 아이언맨의 자비스처럼 바로 답변해 준다. ChatGPT는 엄청나게 방대한 데이터를 학습해서 정보를 보여 주기에 구글이나 네이버보다 더 확실한 답변을 받을 수 있다. '대학교 자퇴하고 싶은데 메일 작성해 줘.'라고 입력하면 양식을 모두 알려 준다. 구글이 긴장할 만한 서비스가 탄생한 것이다. 대박인 건 '추리 소설 써 줘'라고 질문하면 공포 소설을 들려주는데 일반적인 소설이 아닌 AI와 대화를 하면서 추리 소설을 들을 수 있다. 그리고 질문에 따라 이야기가 매번 달라진다. 구글뿐만 아니라 작가들도 긴장해야 할 것 같다. ChatGPT는 공개 5일 만에 가입자 수 100만 명을 돌파했고 시간이 지나면 지날수록 ChatGPT는 무서울 속도로 훨씬 똑똑해지게 될 것이다. 그런데도 AI로 겨우 수능 공부만을 위해 사용할 것인가?

Chaper 33

우리는 질문하고 있는가?

우리는 여전히 질문을 하지 않고 있다. 질문 대신 걱정만 할 뿐이다. 걱정해서 걱정이 없어질 수 있다면 걱정만 해도 되겠지만 걱정해서 걱정이 사라진 적은 한 번도 없다. 그러니 걱정하며 시간 낭비하는 일은 더 이상 그만했으면 한다. 대신 걱정거리를 객관적으로 바라보고 그 걱정거리를 어떻게 해결할 수 있을지 질문을 던져보자. 현재 방식으로 우리 자녀들이 미래에 살아남을 수 있을까? 일자리를 새롭게 만들거나 기존의 일자리를 차지할 수 있을까? 늘어나는 실업률, 세계적인 경기 침체 등을 생각하면 긍정보다는 부정적인 생각이 떠오르는 게 사실이다. 그저 암울할 뿐이다. 암울한 걸 알면서도 다른 방법은 찾지도 않고 그저 기존의 교육 방법에만 목숨을 멸고 과도한 사교육를 지출하고 있는데 이건 밑 빠진 독에 물 붓는 행동밖에 되지 않는다. 이를 해결하고 싶다면 생각의 패러다임을 바꿔야 한다. 기존 방식이 문제가 있다면 다르게 접근하면서 상황을 신선하게 바라봐야 한다.

　이제 학원, 과외 등 사교육에서 벗어나서 ChatGPT를 활용하는 걸 추천한다. 처음 컴퓨터가 세상에 나왔을 때 우리는 가장 먼저 타자를 배우기 위해 컴퓨터 학원으로 향했다. 학원에서 알려 주는 방식대로 타자를 익혔고 선생님이 알려 주는 방식대로 컴퓨터를 알아 갔다. 그런데 PC방의 등장으로 인해 학생들은 더 이상 컴퓨터 학원에 가지 않게 되었다. 게임을 하면서 자연스럽게 타자를 익힐 수 있게 되었기 때문이다. 이제는 어떤가? 스마트폰 시대에 스마트폰을 배우기 위해 학원에 가는 사람이 있는가? 세 살짜리 아이도 스마트폰을 손에 쥐여 주면 스마트폰 사용하는 방법을 알려 주지 않아도 유튜브를 찾아내서 자기가 보고 싶은 영상을 보고 있는 신기한 광경을 볼 수 있다. 원래 배움은 자연스러운 것이다. 하고 싶은 것, 좋아하는 것, 재미있는 것을 발견하게 되면 자연스럽게 그전 단계들을 뛰어넘을 수 있게 된다. ChatGPT를 알려 주는 책들이 여전히 부족하다고 생각하는가? ChatGPT 유튜브를 보며 ChatGPT 활용하는 방법을 배워야 제대로 시작할 수 있다고 생각하는가? ChatGPT 이전 구글 검색을 잘할 수 있도록 도와주는 책, 영상들이 많았지만 이걸 토대로 구글을 잘 활용했는가? 빅데이터 시대, 진짜 필요한 건 생각하는 힘이다. 생각이 없다면 아무리 떠먹여 줘도 안 된다. 누군가는 ChatGPT가 너무 사전적인 것들만 설명해 준다고 하는데 그 이유는 당신이 질문을 너무 사전적으로만 던지고 있기 때문이다. ChatGPT에게 디테일하게 물어본 적 있는가? 디테일하게 물어보면 디테일한 답을 얻을 수 있다. 이게 생각에 힘이고, 빅데이터를 제대로 활용하는 방법이다.

지금부터는 ChatGPT에 질문을 던지고 ChatGPT가 답한 내용을 그대로 옮겨 적으려고 한다. 이런 식으로 ChatGPT를 활용할 수 있다면 획기적으로 자기가 하고 싶은 공부만을 선별해서 할 수 있을 것이다. 그러면 시간을 획기적으로 절약할 수 있으면 돌아가지 않고 빠르게 자신이 하고 싶은 공부만을 할 수 있어서 더욱 빠르게 하고자 하는 일에서 빛을 볼 수 있을 것이다.

질문) 대학을 가지 않아도 성공할 수 있을까?

ChatGPT) 대학교를 가지 않아도 성공할 수 있는 경우가 있습니다. 대학교는 일반적으로 학문적인 지식과 기술을 배우기 위한 장소이며, 진로와 관련된 경험과 전문성을 쌓을 수 있습니다. 그러나 대학교를 가지 않아도 다양한 분야에서 성공할 수 있습니다.

예를 들어, 창업 분야에서는 대학교에 다니지 않은 사람들이 많은 성공 사례가 있습니다. 대학교에 다니지 않고도 책을 읽거나 인터넷 강의를 듣고 필요한 기술을 습득하며, 시장에 대한 경험과 능력을 갖추어 창업에 성공한 경우가 있습니다.

또한 예술, 스포츠, 연예 등 다양한 분야에서도 대학교에 다니지 않고도 성공할 수 있습니다. 이 경우, 열정과 재능, 노력, 경험, 멘토링 등이 중요한 역할을 합니다.

그러나 대학교를 가는 것은 미래에 대한 경쟁력을 키우는 좋은 방법 중 하나입니다. 대학교에서는 다양한 경험과 지식을 쌓을 수 있으며, 대학교에서 만나는 사람들과의 인맥망 또한 중요합니다. 따라서 대학교를 가지 않더라도 자기 계발과 경험을 통해 성공할 수 있지만, 대학교에 다니는 것이 경쟁력을 높이는 데 도움이 될 수 있다는 것을 명심해야 합니다.

질문) 그럼, 대학이 꼭 필요한 직업이 있을까?

ChatGPT) 대학이 꼭 필요한 직업이 있을 수 있습니다. 예를 들어, 의사, 변호사, 교사, 공학자 등과 같이 특정 직업군에서는 대학에서 학위를 취득하는 것이 필수적입니다. 이러한 직업들은 많은 지식과 기술, 노하우가 필요하기 때문입니다. 대학에서는 해당 직업 분야에 필요한 지식과 기술을 배울 수 있으며, 그동안의 연구, 실험, 실습 등을 통해 전문성을 쌓을 수 있습니다.

그러나 모든 직업이 대학을 졸업하는 것이 필수는 아닙니다. 예를 들어, 일부 창업가들은 대학교를 졸업하지 않고 창업에 성공한 경우가 있습니다. 또한, 디자이너, 작가, 예술가 등과 같이 창의적인 업무를 수행하는 분야에서는 대학을 졸업하지 않더라도 성공할 수 있습니다. 이 경우, 자신이 수행하는 분야에서 경험과 전문성, 창의성 등이 중요한 역할을 합니다.

따라서 대학교를 졸업하는 것이 모든 직업에서 필수적이지는 않지만, 일부 직업 분야에서는 대학교를 졸업하는 것이 필수적일 수 있으며, 일부 직업 분야에서는 대학교를 졸업하지 않더라도 성공할 수 있습니다.

질문) 대학을 가지 않더라도 전문적인 직업을 가질 수 있을까?

ChatGPT) 예, 대학을 가지 않더라도 전문적인 직업을 가질 수 있습니다.

일부 직업들은 대학 학위가 필수적인 경우가 있지만, 다른 직업들은 전문 교육, 인증, 라이선스, 자격증 등을 통해 전문성을 쌓을 수 있습니다. 예를 들어, 전기 기술자, 선박 조종사, 건설 현장 감독자, 조선소 기술자 등은 대학 학위 없이도 전문성을 갖출 수 있습니다.

또한, 현재는 인터넷을 통해 무료 또는 저렴한 가격으로 전문적인 스킬을 배울 수 있는 온라인 강좌나 MOOCs(Massive Open Online Courses) 등이 많이 제공되고 있습니다. 이를 통해 전문성을 갖출 수 있는 기회가 더욱 다양해졌습니다.

따라서 대학을 가지 않더라도 전문성을 갖추는 데는 다양한 방법이 있으며, 개인의 역량과 노력에 따라 가능성이 열려 있습니다.

어떤가? 대단하지 않은가? 대단하지만 아직은 실질적으로 와닿지는 않을 것이다. 우리가 알고 싶은 건 원론적인 이야기가 아닌 '그래서 앞으로 어떻게 하면 좋은데?'를 알고 싶은 것이니 말이다. 그럼 조금 더 실질적으로 ChatGPT를 활용해 보자!

Chaper 34

ChatGPT
"영어 공부 어떻게 하면 좋을까?"

질문) 영어 공부를 하고 싶은데 어떻게 하면 좋을까?

ChatGPT) 영어 공부를 하고 싶다면, 아래의 방법들을 고려해 보실 수 있습니다.

영어 공부를 위한 목표를 설정해 보세요. 어떤 수준까지 영어를 배우고 싶은지, 어떤 목적으로 영어를 배우고 싶은지 등을 생각해 보고 그에 맞는 학습 방법을 선택할 수 있습니다.

영어 공부를 위한 자료를 찾아보세요. 영어 공부에 필요한 교재나 온라인 강의, 어학원 등을 찾아보시면 됩니다. 인터넷을 통해 다양한 무료 자료들이 많이 제공되고 있으니, 이를 활용해 보세요.

영어를 많이 듣고 말하도록 노력해 보세요. 영어 듣기와 말하기는 실제 상황에서 사용하는 것과 다르기 때문에, 영어 회화 연습을 위한 동영상, 오디오, 앱 등을 활용해 보시면 좋습니다. 또한, 영어 공부를 위한 스터디 그룹에 참여하여 함께 연습하거나, 해외 영어 스피커와 소통할 수 있는 애플리케이션을 활용해 보세요.

영어 단어를 외우고, 문법과 작문 연습을 해 보세요. 단어 외우기, 문법 공부, 작문 연습 등은 영어 학습의 기본 중 기본입니다. 관심 있는 주제에 대해 영어로 작문해 보거나, 영어 단어장 앱을 활용하여 단어를 외우는 등 학습 방법을 찾아보세요.

일정한 시간을 정하고 꾸준히 공부해 보세요. 영어 공부를 시작하는 것은 어렵지만, 꾸준한 노력을 통해 조금씩 발전할 수 있습니다. 일정한 시간을 정해 영어 공부를 지속해 보시고, 한번 시작한 학습을 중단하지 않도록 노력해 보세요.

위와 같은 방법들을 참고하여, 적극적으로 영어 공부에 착수하시면 됩니다. 영어는 전 세계에서 사용되는 언어로서, 다양한 분야에서 활용됩니다. 따라서, 영어 공부는 여러분의 성공과 성장을 위해 매우 중요한 스킬 중 하나입니다.

질문) 영어 공부를 하려고 하는데 뭐부터 시작하면 좋을까?

ChatGPT) 영어 공부를 시작하는 것은 어려운 결정일 수 있습니다. 그러나 시작하기 위해 몇 가지 조언을 드릴 수 있습니다.

기초 문법 공부: 영어 문법은 언어 학습의 기본입니다. 영어 문법 책을 구입하여 자습할 수 있으며, 온라인에서 무료로 제공되는 많은 문법 자료를 활용할 수도 있습니다.

단어 암기: 영어 단어를 외우는 것은 매우 중요합니다. 단어를 외우기 위해 단어장을 만들어 보거나, 영어 단어 학습 앱을 다운로드 하여 활용해 볼 수 있습니다.

듣기 연습: 영어를 듣는 것은 영어 학습의 중요한 부분입니다. 뉴스나 라디오를 듣거나, 영어 드라마를 시청하는 것도 좋은 방법입니다. 이러한 방법으로 영어의 발음과 억양을 익힐 수 있습니다.

말하기 연습: 영어 말하기를 연습하는 것도 중요합니다. 영어 스피치 클럽에 가입하거나, 영어를 사용하는 봉사 활동에 참여해 보는 것도 좋은 방법입니다.

적극적인 참여: 영어를 사용하는 모든 기회에 적극적으로 참여하십시오. 영어 웹사이트를 이용하거나, 영어 온라인 커뮤니티에 가입하여 대화나 글쓰기 연습을 해 보는 것도 좋습니다.

이러한 방법들을 시도해 보면서 자신에게 맞는 학습 방식을 찾아 나가시길 바랍니다. 처음에는 어렵고 지루할 수 있지만, 꾸준한 노력으로 영어 실력을 향상시킬 수 있습니다.

질문) 기초 문법 공부를 도와줄 유튜브나 책 추천 좀 부탁해!

ChatGPT) 영어 기초 문법 공부에 도움이 되는 유용한 자료들을 추천해 드리겠습니다.

유튜브 채널:
English Lessons 4U: 기초 영어 문법에 대한 동영상 강의를 제공합니다.
Learn English with Emma: 영어 문법과 표현에 대한 동영상 강의를 제공합니다.
Grammarly: 영어 문법에 대한 간단한 팁과 예시를 제공하는 유용한 채널입니다.

영어 문법책:
"English Grammar in Use" by Raymond Murphy: 기초 문법부터 중급 문법까지 다양한 주제를 다루고 있으며, 예시와 연습 문제가 포함되어 있습니다.
"The Only Grammar Book You'll Ever Need" by Susan Thurman: 다양한 문법 규칙을 단순하고 쉬운 방법으로 설명하고 있습니다.

"Understanding and Using English Grammar" by Betty Azar: 색다른 예시와 활용 방법을 담은 문법책입니다.

온라인 자료:

Purdue Online Writing Lab (OWL): 영어 문법, 문장 구조 및 글쓰기 팁을 제공하는 온라인 자료입니다.

English Page: 무료 문법 강의와 연습 문제를 제공하는 온라인 자료입니다.

이러한 자료들을 활용하여 영어 기초 문법을 공부하시면 좋을 것입니다.

ChatGPT가 알려준 유튜브 영상 또는 책 중에서 자신에게 맞는 스타일을 찾아서 공부를 시작해 보자. 사촌 동생은 이런 식으로 공부를 시작해서 영어 공부에 흥미가 생겼다. 틀에 갇힌 순서대로 영어 공부하고 있으니 재미가 없는 것이다. 자기가 궁금한 부분, 자기에게 당장 필요한 영어(예를 들면 해외여행 준비)를 찾아서 공부할 수 있다면 영어 공부가 전보다는 재미있어질 것이다. 유명한 강사, 족집게 과외는 더 이상 필요 없다. 그들의 수업에 흥미를 느끼지 못하거나 그들의 노력으로도 우리 자녀들의 성적이 오르지 않는다고 자녀가 문제라고 생각하지 말자. 그들은 유명한 사람이니 100% 우리 자녀의 잘못이라고 생각하는데 그 생각이 잘못된 것이다. 어떤 공부든 배우는 사람이 스스로 호기심을 느껴야 제대로 배우고 제대로 활용할 수 있다.

Chaper 35

𝄆 ChatGPT
"글을 잘 쓰고 싶은데 어떻게 하면 좋을까?"

질문) 글을 잘 쓰고 싶은데 어떻게 하면 좋을까?

ChatGPT) 글쓰기는 연습이 필요한 기술입니다. 아래는 글쓰기를 연습하며 글을 잘 쓰는 방법입니다.

독서와 글쓰기 연습
　자주 독서하고 글쓰기 연습을 하면 글을 잘 쓰는 능력이 향상됩니다. 독서는 다양한 글쓰기 스타일과 문체를 접하게 해 주며, 글쓰기 연습은 논리적인 사고력과 문장 구성 능력을 향상시켜 줍니다.

주제와 목적 파악하기
　글을 쓰기 전에는 어떤 주제에 대해 쓸 것인지, 그리고 그 글의 목적이 무엇인지를 명확히 파악해야 합니다. 목적을 파악하면 글의 흐름과 구성이 자연스럽게 이루어지게 됩니다.

구조화된 글쓰기

글을 구조화하여 쓰면, 글의 내용이 명확해지고 독자에게 전달하기 쉬워집니다. 따라서 글의 구조를 명확히 파악하고, 서론, 본론, 결론 등의 구성을 지키면서 글을 써보세요.

논리적인 글쓰기

논리적인 글쓰기는 글의 내용이 명확하게 전달될 수 있도록 하는 중요한 요소입니다. 글쓰기 전에는 논리적인 구성을 생각하며, 글을 쓰면서도 항상 논리성을 유지하도록 노력해야 합니다.

편집과 교정

글쓰기를 마치고 나면 꼼꼼하게 편집과 교정을 해야 합니다. 문법 오류, 맞춤법 오류, 불필요한 반복, 난해한 문장 등을 수정하면서 글의 완성도를 높이세요.

피드백 받기

글쓰기는 개인의 습성과 능력이 많이 작용하는 분야입니다. 따라서 다른 사람의 피드백을 받아 보면 더욱 좋은 결과물을 얻을 수 있습니다. 자신이 쓴 글을 다른 사람에게 읽어 주고, 피드백을 받아 보세요. 이를 통해 보완할 부분을 파악할 수 있습니다.

질문) 너무 막막한데 나를 위해서 짧은 글을 써줄 수 있어?

ChatGPT) 당신은 지금 이 순간에도, 자신만의 소중한 존재입니다. 누구보다도 자신을 믿으며, 자신의 꿈과 목표를 위해 끊임없이 노력하고 나아가세요. 작은 것부터 시작해서 조금씩 꾸준히 나아가다 보면, 언젠가는 큰 성과를 얻을 수 있을 거예요. 자신감을 가지고, 당당하게 살아가세요.

질문) 이런 응원 감사하지만 음… 짧은 소설 부탁해

ChatGPT) 어느 한마을에서 사는 소녀가 있었습니다. 그녀는 언제나 밝은 미소를 지으며 모든 이들을 웃게 만들었습니다. 어느 날, 그녀는 새로운 친구를 만나 깊은 우정을 나누었습니다. 함께 시간을 보내며 자신도 모르게 더 큰 꿈을 꾸게 되었습니다.

하지만 그녀는 자신의 능력에 대해 불안해하며 자신을 언제나 비하하였습니다. 그러던 어느 날, 친구가 그녀에게 "당신은 누구보다도 특별하고 소중한 존재야"라고 말해 주었습니다. 그 말을 듣고 그녀는 자신감을 되찾았고, 자신의 능력과 꿈을 향해 더욱 당당하게 나아갈 수 있었습니다.

시간이 흐르고, 그녀는 자신의 꿈을 이루어 나가며 많은 이들을 돕고, 사랑과 희망을 전하게 되었습니다. 그리고 그녀의 밝은 모습은 마을 사람들에게 큰 위안과 힘이 되었습니다.

질문) 글을 쓰고 나면 다른 사람들의 평가가 두렵지 않니?

ChatGPT) 글을 쓰고 나면 다른 사람들의 평가가 두려울 수 있습니다. 그러나 이는 모든 예술 작품에 대한 공통적인 감정입니다. 글쓰기는 개인적인 표현이기 때문에, 누군가 좋아하지 않을 수도 있습니다. 하지만 그것은 작품의 가치를 떨어뜨리지 않습니다. 글쓰기는 연습이 필요한 기술입니다. 더 많은 연습을 하고 다른 사람들의 피드백을 수용하는 것은 자신의 글쓰기를 향상시키는 데 큰 도움이 됩니다. 따라서 다른 사람들의 평가를 두려워하지 말고, 자신의 작품을 자신감을 가지고 발표해 보는 것이 좋습니다.

질문) 그럼, 영화 시나리오를 쓰고 싶을 때 뭐부터 공부하면 좋을까?

ChatGPT) 영화 시나리오를 쓰기 위해서는 다음과 같은 것들을 공부하면 좋습니다.

영화 시나리오의 구조와 형식: 영화 시나리오에는 일정한 구조와 형식이 있습니다. 시나리오 구조와 형식에 대해 학습하고 이해하는 것이 중요합니다.

스토리텔링 기술: 시나리오 작성은 이야기를 전달하는 것입니다. 따라서 스토리텔링 기술에 대해 학습하고, 이를 활용해야 합니다.

등장인물 및 캐릭터 개발: 좋은 시나리오를 작성하려면 흥미로운 등장인물과 캐릭터를 만들어야 합니다. 이들을 통해 이야기가 전달되므로, 각 등장인물 및 캐릭터를 개발하고 묘사하는 방법에 대해 학습해야 합니다.

시각적 효과 및 음향 효과: 시나리오는 영화화되어 스크린에서 상영됩니다. 따라서, 영화화의 시각적 효과와 음향 효과를 고려하고 이를 작성에 반영해야 합니다.

시장 동향 및 현재 상황 파악: 영화 시나리오 작성을 위해서는 현재 영화 시장 동향과 시나리오에 대한 수요를 파악해야 합니다. 이를 통해 적합한 시나리오를 작성할 수 있습니다.

위와 같은 내용들을 학습하면 영화 시나리오 작성에 도움이 됩니다. 또한, 이를 위해 시나리오 작성 프로그램이나, 시나리오 작성 강좌 등을 활용하는 것도 좋은 방법입니다.

질문) 영화 시나리오 공부할 때 도움이 될 만한 책이나 유튜브 좀 알려줘,

ChatGPT) 영화 시나리오를 공부하는 데 도움이 되는 책과 유튜브 채널을 소개해 드리겠습니다.

책
'시나리오 작성 강의' (크리에이티브 키움)
'시나리오 표현론' (김수정 지음)
'시나리오 작성의 기술' (시민출판사)

유튜브 채널
- Film Courage: https://www.youtube.com/user/filmcourage
- Lessons from the Screenplay:
https://www.youtube.com/channel/UCErSSa3CaP_GJxmFpdjG9Jw
The Dialogue: https://www.youtube.com/channel/UCYUyg1L-6pX9RNF29MaHzIA

이 외에도 시나리오 공부에 도움이 되는 다양한 자료들이 있으니, 검색을 통해 찾아보시는 것도 좋습니다. 시나리오를 작성하면서 지속적으로 자신의 작품을 리뷰하며 발전시키는 것이 중요하니, 많은 작품을 보고 분석해 보시는 것도 추천 드립니다.

Chaper 36

ChatGPT 유튜브를 시작하고 싶어!

질문) 유튜브를 하고 싶어!

유튜브를 시작하고자 한다면, 먼저 채널의 주제와 방향성을 설정해야 합니다. 무엇을 다룰 것인지, 어떤 시청자를 대상으로 할 것인지, 어떤 스타일로 콘텐츠를 제작할 것인지 등을 고려해 보세요. 그리고 적극적으로 참여할 수 있는 소셜 미디어 계정을 만들고, 다양한 채널과의 협업, 커뮤니티 활동을 통해 자신의 채널을 홍보해 나가는 것이 중요합니다.

콘텐츠 제작에 있어서는, 퀄리티 높은 콘텐츠를 만들어야 시청자들의 관심을 끌 수 있습니다. 이를 위해서는 적극적으로 참고할 수 있는 온라인 강의나 튜토리얼, 또는 제작에 필요한 장비와 소프트웨어를 학습하고 활용하는 것이 좋습니다.

마지막으로, 유튜브에서 성공적으로 채널을 운영하기 위해서는 꾸준한 업로드와 시청자들과의 소통이 필요합니다. 채널을 운영하며 다양한 경험을 쌓아가고, 시청자들의 피드백을 수용하며 발전해 나가는 것이 중요합니다.

질문) 유튜브를 하기 위해서는 어떤 책이나 영상을 보면서 공부하는 게 좋을까?

ChatGPT) 유튜브를 시작하려면 다음과 같은 책과 영상들이 도움이 될 수 있습니다.

『유튜브 창업의 신』 - 이진우, 이용민 저
유튜브 창업자의 경험과 노하우가 담긴 책으로, 유튜브를 시작하는 데 도움이 됩니다.
『유튜브 영상 제작 필수 가이드』 - 이재영 저
유튜브 영상 제작에 대한 기초부터 고급 기술까지 다양한 내용이 담긴 책으로, 영상 제작에 대한 기본 지식을 습득할 수 있습니다.
『유튜브 콘텐츠 창작법』 - 김태원 저
유튜브에서 인기 있는 콘텐츠를 만드는 방법과 그에 따른 마케팅 전략을 다룬 책으로, 창작에 대한 아이디어를 얻을 수 있습니다.
『유튜브 크리에이터 아카데미』 - Google

구글에서 제공하는 유튜브 크리에이터 아카데미 온라인 강의로, 유튜브 시작부터 영상 제작, 마케팅까지 다양한 내용을 배울 수 있습니다.

『유튜브 크리에이터 핸드북』 - Google
구글에서 제공하는 유튜브 크리에이터 핸드북으로, 유튜브의 기본 정책부터 콘텐츠 제작, 마케팅에 대한 정보를 담고 있습니다.

이외에도 다양한 온라인 강의와 유튜브 채널이 있으니 참고해 보시기 바랍니다.

질문) 유튜브를 시작하는 단계라면 어떤 노트북과 카메라가 필요할까?

ChatGPT) 유튜브를 시작하는 단계에서는 고사양의 노트북이나 고가의 카메라가 필수적이지는 않습니다. 하지만 기본적으로 유튜브에 필요한 것은 화질이 좋은 카메라와 편집 가능한 컴퓨터입니다.

노트북은 작업을 위한 기본 사양을 갖춘 것이면 충분합니다. 최소한의 사양은 인텔 코어 i5 이상의 프로세서, 8GB 이상의 RAM, 256GB 이상의 저장 용량을 갖춘 노트북이 좋습니다. 또한, 컴퓨터의 그래픽 카드와 배터리 수명도 중요한 요소 중 하나입니다.

카메라는 초보자가 사용하기 쉬운 DSLR 카메라나 미러리스 카메라가 좋습니다. 가격 대비 품질이 좋은 카메라는 캐논, 니콘, 소니 등에서 찾을 수 있습니다. 또한, 스마트폰 카메라로도 충분히 시작할 수 있으며, 스마트폰을 이용해 영상 촬영을 하면 편리합니다.

그 외에도 마이크, 조명, 편집 소프트웨어 등의 필요한 장비와 프로그램이 있으며, 필요에 따라 점진적으로 구매하면 됩니다.

질문) 유튜브 영상 편집을 스마트폰으로 하고 싶은데 어떤 앱이 좋을까?

ChatGPT) 스마트폰에서 사용할 수 있는 다양한 영상 편집 앱이 있습니다. 아래는 몇 가지 인기 있는 영상 편집 앱을 소개해 드리겠습니다.

Adobe Premiere Rush: Adobe Premiere의 모바일 버전인 Premiere Rush는 사용하기 쉬운 인터페이스와 다양한 편집 기능을 제공합니다. 다중 트랙 편집, 오디오 조절, 전환 효과 등을 포함하고 있으며, Adobe Creative Cloud와의 연동도 지원합니다.

iMovie: iMovie는 애플에서 제공하는 무료 영상 편집 앱으로, iOS와 macOS에서 사용할 수 있습니다. 직관적인 인터페이스와 다양한 기능을 제공하여 영상을 잘라내고 효과를 추가하며, 타임라인 기능과 오디오 편집도 가능합니다.

Kinemaster: Kinemaster는 안드로이드와 iOS에서 사용할 수 있는 강력한 영상 편집 앱입니다. 다중 트랙 편집, 전환 효과, 텍스트 및 그래픽 추가, 오디오 편집 등 다양한 기능을 제공하며, 레이어와 클립 스플리팅 기능을 사용하여 더욱 정교한 편집이 가능합니다. 유료 버전과 무료 버전이 있으며, 유료 버전은 로고 제거 등의 추가 기능을 제공합니다.

Power Director: Power Director는 안드로이드와 iOS에서 사용 가능한 전문적인 영상 편집 앱입니다. 다양한 효과와 필터, 음악 추가, 캡션 및 텍스트 편집, 다중 트랙 편집 등을 제공하며, Chroma Key와 같은 고급 기능도 사용할 수 있습니다.

이는 일부 예시이며, 다른 영상 편집 앱도 많이 있으니 자신의 요구에 맞는 앱을 찾아보시고 사용해 보시는 것이 좋습니다. 앱의 기능, 사용자 인터페이스, 안정성 및 사용자 평가 등을 고려하여 선택하시면 됩니다.

질문) 요리 유튜버 중 참고할 만한 사람이 있을까?

ChatGPT) 요리 유튜버 중에는 많은 훌륭한 예시가 있습니다. 다음은 몇 명의 인기 요리 유튜버를 소개해 드리겠습니다.

Maangchi: 한식 요리에 특화된 Maangchi 채널은 전 세계에서 많은 사랑을 받고 있습니다. Maangchi는 재미있고 친근한 방식으로 한국 음식을 소개하며, 레시피와 요리 팁을 제공합니다.

Binging with Babish: Binging with Babish 채널은 영화와 TV 드라마에서 등장하는 음식을 재현하는 것으로 유명합니다. Andrew Rea는 캐릭터들의 시그니처 요리를 만들며 동시에 요리 방법과 관련된 흥미로운 정보를 제공합니다.

Laura in the Kitchen: Laura Vitale은 Laura in the Kitchen 채널에서 다양한 요리를 소개하고 있습니다. 그녀는 쉽고 맛있는 레시피를 제공하며, 요리에 대한 팁과 트릭을 설명합니다.

Tasty: BuzzFeed의 Tasty 채널은 짧고 간결한 요리 비디오로 유명합니다. 다양한 요리 스타일과 테마를 다루며, 시청자들에게 창의적이고 맛있는 아이디어를 제공합니다.

Jamie Oliver: Jamie Oliver은 건강하고 맛있는 요리에 초점을 맞춘 채널로 유명한 영국의 요리사입니다. 그는 다양한 요리 스타일을 소개하고, 영감을 주는 레시피와 요리 꿀팁을 제공합니다.

이는 일부 예시이며, 다양한 요리 유튜버가 있으니 다른 채널도 살펴보시면 도움이 될 것입니다. 각각의 유튜버는 자신만의 유니크한 스타일과 요리 방식을 가지고 있으니, 여러분의 취향과 관심사에 맞는 채널을 찾아보세요.

질문) 100만 유튜버가 되고 싶은데 노하우 좀 알려줘

ChatGPT) 100만 구독자를 가지려면 다음과 같은 노하우들이 있습니다.

콘텐츠의 질을 높이세요: 좋은 콘텐츠를 만들면 구독자 수가 자연스레 늘어납니다. 콘텐츠의 질은 항상 최우선으로 생각하세요.

타깃 그룹을 정하세요: 자신이 만들고자 하는 콘텐츠를 본격적으로 제작하기 전에 타깃 그룹을 정하는 것이 중요합니다. 누구를 위한 콘텐츠를 만들 것인지를 정확히 파악하고, 그룹의 관심사와 요구에 맞춘 콘텐츠를 만드세요.

SNS를 적극적으로 활용하세요: 유튜브 이외에도 다른 SNS를 적극적으로 활용해야 합니다. 트위터, 인스타그램, 페이스북 등 다른 SNS를 이용하여 콘텐츠를 홍보하고, 구독자를 늘리세요.

열정과 인내를 가져라: 유튜브로 수많은 구독자를 모으기는 쉬운 일이 아닙니다. 시간과 노력이 필요하며, 언제나 열정과 인내심을 가져야 합니다.

SEO를 활용하세요: 검색 엔진 최적화(SEO)를 활용하여 검색 결과 상위에 노출될 수 있도록 하세요. 제목, 설명, 태그 등을 정확히 입력하고, 키워드를 활용하는 등의 방법을 통해 검색 결과 상위에 노출될 확률을 높일 수 있습니다.

빠르게 변화하는 유튜브 트렌드를 파악하세요: 유튜브는 매우 빠르게 변화합니다. 새로운 트렌드와 변화하는 유튜브 문화에 대한 지식을 습득하고, 자신만의 새로운 콘텐츠를 만드세요.

팬 커뮤니티를 만드세요: 팬 커뮤니티를 만들어 구독자들과의 소통을 활발하게 하세요. 팬들이 자신의 콘텐츠를 좋아하고, 추천해 주면서 더 많은 사람들에게 알리게 됩니다.

이러한 노하우들을 기반으로 적극적으로 도전하며, 꾸준한 노력과 유튜버로 성공하기 위해서는 몇 가지 노하우와 전략을 고려하는 것이 중요합니다.

Chaper 37

ChatGPT 디자이너가 필요해!

질문) 디자이너가 필요해!

ChatGPT) 저는 텍스트 기반으로 대화를 주고받는 인공 지능이기 때문에 직접적으로 디자인 작업을 수행할 수는 없습니다. 그러나 디자인 관련 질문이나 도움이 필요한 경우에는 최대한 도움을 드리겠습니다. 예를 들어, 디자인에 관한 조언이나 특정 디자인 원칙에 대한 설명, 디자인 프로세스에 관한 질문에 대해 도움을 드릴 수 있습니다.

만약 디자인 작업을 위해 실제 디자이너와 협업하고자 한다면, 온라인 플랫폼이나 디자인 커뮤니티를 활용하여 디자이너를 찾을 수 있습니다. 여러 가지 옵션이 있으며, 프리랜서 사이트(예:

Upwork, Freelancer), 디자인 콘테스트 플랫폼(예: 99designs), 소셜 미디어 그룹 등을 활용하여 디자이너를 찾을 수 있습니다. 이러한 플랫폼에서는 자신이 원하는 디자인 스타일과 필요한 작업 범위를 명시하고, 디자이너들의 포트폴리오와 이력서를 확인한 후 협업을 진행할 수 있습니다.

또한, 로컬 디자인 에이전시나 디자인 스튜디오에 연락하여 전문적인 디자인 지원을 받을 수도 있습니다. 이들은 다양한 디자인 서비스를 제공하며, 프로젝트에 맞는 전문적인 도움을 줄 수 있습니다.

디자인 작업이 어떤 종류인지, 어떤 도움을 필요로 하는지에 대한 구체적인 정보를 제공하면, 더욱 구체적인 도움을 드릴 수 있습니다.

질문) 책표지 디자인해 줄 사람이 필요해

ChatGPT) 책표지 디자인은 중요한 시각적인 요소로서 독자들의 관심을 끌고 책을 홍보하는 데에 큰 역할을 합니다. 디자이너를 찾기 위해 몇 가지 방법을 제안해 드리겠습니다.

온라인 디자인 플랫폼: 온라인 디자인 플랫폼인 99designs, Upwork, Freelancer 등을 활용하여 디자이너를 찾을 수 있습니다. 이러한 플랫폼에서는 프로젝트 설명과 예산을 명시하고, 디자이너들이 참여하여 여러 제안을 받을 수 있습니다. 포트폴리오와 이력서를 검토한 후, 적합한 디자이너와 협업할 수 있습니다.

디자인 커뮤니티: 디자인 관련 커뮤니티나 포트폴리오 웹사이트를 방문하여 디자이너를 찾을 수도 있습니다. Behance, Dribbble, Instagram 등에서 디자인 작업을 공유하는 디자이너들을 찾아보세요. 원하는 스타일과 경험을 가진 디자이너를 찾아 연락하여 책표지 디자인에 대한 협업을 제안할 수 있습니다.

로컬 디자인 에이전시 또는 프리랜서: 지역에 있는 디자인 에이전시나 프리랜서 디자이너를 찾아보세요. 로컬 디자인 커뮤니티, 창작자 네트워크, 디자인 이벤트 등을 통해 디자이너들과 연락할 수 있는 기회를 찾을 수 있습니다.

책표지 디자인을 위해 디자이너를 선택할 때는 포트폴리오를 확인하고 이전 작업물을 살펴보는 것이 중요합니다. 그들의 스타일과 선호도가 책의 분위기와 일치하는지 확인하고, 상호 의사소통이 원활한 디자이너를 선택하는 것이 좋습니다. 또한 프로젝트 일정과 예산을 논의하고 계약을 체결하는 것이 중요합니다.

디자이너와의 협업은 작업의 성격에 따라 다를 수 있으므로, 목표와 기대치를 명확하게 전달하고 작업의 진행 상황을 확인하는 것이 중요합니다.

질문)   사진이랑 똑같이 그려 주는 AI가 있다고 하던데?

ChatGPT)   AI 기술을 사용한 이미지 생성 및 그래픽 작업은 최근에 크게 발전하고 있습니다. 하지만, 현재까지의 기술 수준에서 사진을 완벽하게 그려 주는 AI는 아직 존재하지 않습니다. AI는 이미지 생성과 관련된 작업에 도움을 줄 수 있지만, 인간의 창의성과 예술적 감각을 완전히 대체할 수는 없습니다.

현재 AI를 활용한 이미지 생성 기술 중 하나는 '신경망 스타일 변환'입니다. 이 기술은 두 개의 이미지를 입력으로 받아 하나의 이미지를 다른 이미지의 스타일로 변환하는 작업을 수행합니다. 예를 들어, 유명한 화가의 스타일로 자신의 사진을 변환하는 것이 가능합니다. 이러한 기술은 기하학적인 모양이나 구조를 재현하는 데에는 적합하지만, 사진을 완벽하게 그림으로 변환하는 데는 한계가 있습니다.

AI를 활용한 그림 생성에 대한 연구와 개발은 계속 진행되고 있으며, 앞으로 더 발전할 가능성이 있습니다. 그러나 현재로서는 인간 디자이너의 창의성과 예술적 감각을 필요로 하는 작업에서 AI를 완전히 대체하기는 어렵습니다. 그러므로 사진을 그림으로 변환하거나 디자인 작업을 위해서는 여전히 인간 디자이너의 도움이 필요합니다.

질문) 단 2분 만에 미드저니가 그림을 그려 준다는데?

ChatGPT) 저는 텍스트 기반의 대화형 AI이기 때문에 그림을 실시간으로 그려 주는 기능은 제공할 수 없습니다. 또한, '미드저니'가 그림을 그려 준다는 구체적인 정보나 기능은 제가 접한 바가 없습니다. 혹시 어떤 특정한 소스나 정보에서 그와 관련된 내용을 들으셨을 수도 있습니다.

만약 미드저니가 그림을 그려 주는 기능에 관심이 있다면, 해당 기능을 제공하는 애플리케이션, 웹사이트 또는 서비스를 찾아보시는 것이 좋습니다. 다양한 디지털 도구와 앱이 이미지 생성, 그림 그리기, 스케치 기능 등을 제공하고 있습니다. 이러한 도구를 활용하여 원하시는 그림을 그릴 수 있을 것입니다.

또한, 인터넷상에서 미드저니와 관련된 그림을 찾아보는 것도 한 가지 방법입니다. 원하는 키워드로 이미지 검색을 수행하면, 관련된 이미지를 찾을 수 있을 것입니다.

하지만, 저는 텍스트를 통해 다양한 정보를 제공하고 대화를 나눌 수 있으니, 그림이 아닌 다른 질문이나 도움이 필요하신 경우에는 언제든지 도움을 드릴 수 있습니다.

ChatGPT도 아직 미드저니에 대해 잘 모르는 것 같다, 미드저니는 대신 그림을 그려 주는 앱으로 AI가 그린 그림이 미술대회 디지털 아트 아마추어 부문 대상을 받아서 현재 미술계가 난리가 났다. 이 대회는 미국 콜로라도에서 열린 한 미술대회로 인공 지능이 만든 작품을 제출한 사람이 대상을 받았는데 여성들이 모여 달을 바라보고 있는 듯한 오묘한 분위기의 그림으로 말을 안 해 주면 사람이 물감으로 그린 그림이라 해도 믿을 수밖에 없는 수준이다. 이 대회에는 AI를 활용한 창작물 제출과 관련한 가이드라인이 직접적으로 마련돼 있지 않아 수상에 대한 번복 없이 대회가 마무리되었다고 한다.

수상자인 제이슨 앨런은 SNS를 통해 AI로 만든 작품을 출품하는 과정을 직접 밝혔다. 그림 그리는 AI '미드저니(Midjourney)'로 900개 이상의 이미지 생성, 튜닝과 큐레이션을 거쳐 마음에 드는 작품 3개 선정, 기가필셀(Gigapixel)이라는 AI로 이미지 해상도를 높여 제출했다고 한다. 작품 세 장 출품 비용은 11달러로 대상 상금으로 300달러를 획득했다. 여기서 끝나지 않고 출품한 작품들을 각각 750달러에 내놓았다고 한다.

앨런의 행보에 수많은 미술인이 분노하고 있지만 이제는 그림을 잘 그리지 못해도 아이디어만 있다면 충분히 예술가가 될 수 있는 시대의 포문은 연 사건이라고 생각한다.

"미드저니"는 "Midjourney"의 줄임말로서, 'Mid'는 '중간의'를 의미하고 'Journey'는 '여정'을 의미한다. 미드저니는 일종의 중간 단계에 있는 사람들을 나타내는 것으로, 여행이나 성장 과정에서 시작점과 최종 목적지 사이 위치한 사람들을 의미한다. 이 단계에서는 아직 목표를 달성하지 못했지만, 발전하고 성장하는 과정을 거치며 중간 목표를 향해 나아가고 있는 사람들을 포함하며 미드저니는 어떤 분야에서든지 적용될 수 있으며, 여행, 공부, 직업, 인간관계 등 다양한 측면에서 사용될 수 있다.

미드저니는 주로 개인적인 성장과 발전에 대한 여정에서 사용되며, 노력과 시간을 투자하여 목표에 도달하기 위해 꾸준하게 노력하는 사람들을 의미하는데 이 용어는 중간 단계에 있는 학생들에게 용기와 동기 부여를 주기도 하며, 목표에 도달하기 위해 계속해서 나아가야 함을 상기시켜 준다. 21세기를 살아가는 부모와 자녀들에게 무엇보다 필요한 자세가 아닐까?

Chaper 38

블로그 수업 만들어 볼까?

질문) 사람들이 블로그를 하지 않는 이유가 뭘까?

ChatGPT) 사람들이 블로그를 하지 않는 이유는 다양할 수 있습니다. 여기에는 다음과 같은 이유가 포함될 수 있습니다.

시간과 노력: 블로그를 운영하려면 시간과 노력이 필요합니다. 글을 작성하고 편집하는 것은 시간이 많이 소요되며, 블로그를 업데이트하고 유지하는 데에도 노력이 필요합니다. 이는 많은 사람들에게 부담스러울 수 있습니다.

기술적인 난이도: 블로그를 만들고 관리하는 데에는 일정한 기술적인 지식과 능력이 필요할 수 있습니다. 웹 호스팅, 도메인 구매, 웹 디자인 및 개발 등과 같은 기술적인 측면에서 도움을 받지 않는

한 어려움을 겪을 수 있습니다.

콘텐츠 제작에 대한 부담: 블로그는 지속적으로 흥미로운 내용을 제공해야 합니다. 일부 사람들은 글을 쓰는 것이 어려워서 콘텐츠를 제작하는 것에 대한 부담을 느낄 수 있습니다. 또한, 주제나 아이디어를 찾는 것도 어려울 수 있습니다.

공개적인 노출과 비판: 블로그는 개인적인 의견이나 생각을 다른 사람들과 공유하는 공간입니다. 이는 노출과 비판을 받을 수 있는 가능성을 의미합니다. 이러한 비판에 대한 불안이나 공개적으로 자신의 의견을 표현하는 것에 대한 불편함으로 인해 사람들은 블로그를 시작하지 않을 수 있습니다.

다른 플랫폼의 인기도: 블로그보다는 소셜 미디어 플랫폼이나 비디오 플랫폼 등 다른 형태의 콘텐츠 제작과 공유가 인기를 끌고 있습니다. 사람들은 블로그 대신 인스타그램, 페이스북, 유튜브 등의 플랫폼을 선호할 수 있습니다.

이러한 이유들로 인해 사람들이 블로그를 시작하지 않거나 유지하지 않을 수 있습니다. 그러나 반대로 블로그를 시작하는 이유도 많이 있습니다. 개인적인 목표 달성, 지식 공유, 창작 활동 등 다양한 이유가 있습니다.

질문) 블로그를 하고 싶어 하는 이유?

ChatGPT) 블로그를 시작하고 싶어 하는 이유는 개인마다 다양할 수 있습니다. 다음은 일반적인 이유 중 일부입니다.

표현의 자유: 블로그는 개인의 의견, 생각, 경험 등을 자유롭게 표현할 수 있는 공간입니다. 자신의 목소리를 들려주고 다른 사람들과 소통하며 의견을 나눌 수 있습니다.

전문성과 지식 공유: 블로그를 통해 자신의 전문성을 보여줄 수 있고, 특정 주제에 대한 지식을 다른 사람들과 공유할 수 있습니다. 블로그는 자신의 업계나 관심 분야에서 인정받는 전문가로 인식되는 데에 도움이 될 수 있습니다.

창작 활동과 문학적 표현: 글쓰기나 창작 활동을 좋아하는 사람들은 블로그를 통해 자신의 글이나 시, 소설 등을 게시하고 공유할 수 있습니다. 또한, 글쓰기 기술을 연마하고 독자들로부터 피드백을 받을 수 있는 환경을 제공합니다.

개인 브랜딩과 비즈니스 기회: 블로그는 개인 브랜딩과 비즈니스 기회를 확장하는 데 도움을 줄 수 있습니다. 자신의 관심 분야나 전문성을 강조하여 개인적인 브랜드를 형성하고, 이를 통해 취업 기회, 협업 제안, 스폰서십 등 다양한 비즈니스 기회를 얻을 수 있습니다.

창작 활동 기록과 성장: 블로그는 자신의 창작 활동을 기록하고 발전시킬 수 있는 장소입니다. 글을 작성하고 게시함으로써 점진적인 성장을 경험하고, 독자들로부터 피드백을 받아 더 나은 작품을 만들어 갈 수 있습니다.

이외에도, 자기 계발, 취미 공유, 소셜 네트워킹 등 다양한 이유로 블로그를 시작하고 싶어 하는 사람들이 있을 수 있습니다. 개인의 관심과 목표에 따라 블로그를 통해 어떤 가치를 창출하고 싶은지 고려해 볼 수 있습니다.

질문) 블로그를 시작하려고 하는데 궁금한 부분?

ChatGPT) 블로그를 시작하려는데 궁금한 부분이 있다면 어떤 내용인지 알려 주시면 도와드리겠습니다! 몇 가지 일반적인 주제에 대한 질문들을 제시해 드릴 수 있으며, 해당 주제에 관련된 내용에 대해 궁금한 사항이 있다면 자세히 설명해 주시면 됩니다.

블로그 플랫폼: 어떤 블로그 플랫폼을 선택해야 할지, 각 플랫폼의 장단점은 무엇인지 궁금하신가요?

주제 선택: 어떤 주제로 블로그를 운영해야 할지 고민이신가요? 주제 선택의 팁과 관련된 조언을 알고 싶으신가요?

콘텐츠 제작: 어떻게 흥미로운 콘텐츠를 만들고 발행할 수 있는지에 대한 가이드가 필요하신가요?

　독자 유치: 블로그에 독자들을 어떻게 유치하고, 어떤 마케팅 전략을 사용해야 할지 알고 싶으신가요?

　플랫폼 관리: 블로그를 효과적으로 운영하고 관리하기 위한 팁과 도구에 대해 궁금하신가요?

　위의 주제들이 도움이 되실지 모르겠습니다. 원하시는 질문이나 궁금한 내용을 제시해 주시면, 블로그를 시작하는 데에 도움을 드릴 수 있습니다.

　질문) 사람들이 블로그를 시작하려고 할 때 궁금해하는 부분?

　ChatGPT) 블로그를 시작하려는 사람들이 가장 궁금해하는 부분들은 다음과 같습니다.

　블로그 플랫폼: 어떤 블로그 플랫폼을 선택해야 할지가 가장 일반적인 궁금점입니다. 어떤 플랫폼이 가장 적합한지, 각 플랫폼의 장단점은 무엇인지 알고 싶어 합니다.

　주제 선택: 어떤 주제로 블로그를 운영해야 할지 결정하기 어려워하는 경우가 많습니다. 자신의 관심사와 전문성을 어떻게 발전시킬 수 있는지, 어떤 주제가 독자들에게 가치를 제공할 수 있는지 알고 싶어 합니다.

콘텐츠 제작: 어떻게 흥미로운 콘텐츠를 만들고 발행할 수 있는지가 궁금한 사람들이 많습니다. 어떤 주제로 글을 쓰고, 어떤 방식으로 정보를 구성하고 전달해야 하는지에 대한 가이드가 필요합니다.

독자 유치: 블로그를 운영하는 데 있어서 독자들을 어떻게 유치할 수 있는지가 중요한 고민입니다. 어떤 마케팅 전략이 효과적인지, 소셜 미디어와의 연계 방법, 검색 엔진 최적화 등에 대한 도움이 필요합니다.

수익화: 일부 사람들은 블로그를 통해 수익을 창출하고 싶어 합니다. 광고, 제휴, 스폰서십 등을 통해 수익을 어떻게 창출할 수 있는지에 대한 가이드와 팁이 필요합니다.

플랫폼 관리: 블로그를 운영하고 관리하는 방법에 대한 궁금점도 있습니다. 콘텐츠 일정, 플랫폼 업데이트, 보안 등을 어떻게 관리해야 하는지에 대한 정보를 원합니다.

성장과 모니터링: 블로그의 성장을 어떻게 추적하고 모니터링해야 하는지에 대한 궁금증도 있습니다. 방문자 통계, 피드백 수집, 분석 도구 등을 어떻게 활용해야 하는지 알고 싶어 합니다.

질문) 블로그 수업을 하려고 하는데 6주 차 과정을 어떻게 만들면 좋을까?

ChatGPT) 블로그 수업을 6주 차 동안 진행하려고 한다면, 다음과 같은 과정을 고려해 볼 수 있습니다.

주제 선정 및 블로그 기초 (1주 차)
블로그 주제 선택에 대한 가이드라인 제공.
블로그 플랫폼 선택과 설정 방법 설명.
블로그 디자인과 레이아웃 소개.

콘텐츠 기획 및 작성 (2주 차)
흥미로운 콘텐츠 아이디어 발굴 방법과 주제 선정 팁 제공.
효과적인 글쓰기 기법과 구조에 대한 가이드.
시각적인 콘텐츠(이미지, 동영상 등) 활용 방법 소개.

독자 유치와 마케팅 (3주 차)
소셜 미디어를 활용한 블로그 홍보 전략 설명.
SEO (검색 엔진 최적화)의 기본 개념과 중요성에 대한 이해.
블로그 홍보를 위한 커뮤니티 참여 및 네트워킹 방법 안내.

블로그 성장과 분석 (4주 차)
블로그 성장을 추적하고 분석하는 방법 소개.
통계 도구와 웹 애널리틱스 도구 활용법 설명.

독자 피드백 수집과 활용 방법에 대한 가이드.

수익화와 비즈니스 전략 (5주 차)

블로그를 통한 수익 창출 방법 소개 (광고, 제휴, 스폰서십 등).

브랜딩과 비즈니스 전략에 대한 개요 제공.

블로그를 통한 개인 브랜딩과 비즈니스 기회 탐색 방법 안내.

블로그 관리 및 성공적인 운영 (6주 차)

블로그 일정과 계획 세우기에 대한 가이드.

블로그 보안과 백업 방법 설명.

성공적인 블로거로 성장하기 위한 팁과 자기 개발 방법 제시.

위의 과정은 블로그 수업을 전반적으로 커버하기 위한 예시입니다. 각 주차마다 해당 내용을 깊게 다루고 실습하면 됩니다.

질문) 블로그 수업 제목, 뭐로 하면 좋을까?

ChatGPT) 블로그 수업을 위한 제목을 선택할 때에는 학생들에게 흥미를 불러일으키고 동시에 내용을 명확히 전달할 수 있는 제목을 고려하는 것이 좋습니다. 다음은 몇 가지 제목 아이디어입니다.

"블로깅 마스터 클래스: 콘텐츠 창조부터 독자 유치까지"

"효과적인 블로깅: 주제 선택부터 성장까지의 비밀"

"글로벌 블로거로 성장하기: 블로그로 세계를 탐험하라"

"블로그 성공 전략: 인기 블로거가 되기 위한 핵심 요소"
"블로깅 101: 콘텐츠 기획부터 마케팅까지의 모든 것"
"블로깅과 수익화: 블로그로 수익 창출하는 비밀 공개"
"블로깅의 예술: 표현의 자유를 블로그에 담다"
"블로깅 비즈니스 스쿨: 블로그를 비즈니스로 성장시키는 법"

이러한 제목 중 하나를 선택하거나, 위의 제목을 참고하여 자신의 수업 내용과 목표에 가장 적합한 제목을 만들어 낼 수도 있습니다. 중요한 점은 제목이 수업의 핵심을 잘 반영하고, 참가자들이 흥미를 느낄 수 있는 것입니다.

질문) 블로그 수업 참가자들과 어떻게 함께할 수 있으면 좋을까?

ChatGPT) 블로그 수업을 참가자들과 함께 유익하고 즐겁게 진행하기 위해서는 다음과 같은 방법들을 고려해 볼 수 있습니다.

그룹 토론 및 피드백 세션: 주제나 콘텐츠에 관련된 토론 시간을 마련하여 참가자들끼리 의견을 나누고 아이디어를 공유할 수 있도록 도와줍니다. 이를 통해 참가자들은 서로에게서 배울 수 있고, 새로운 관점을 얻을 수 있습니다.

실습과 과제: 참가자들에게 실제로 블로그를 운영하고 콘텐츠를 작성해 보도록 하는 실습 과제를 제공합니다. 이를 통해 이론을 실제로 적용해 보며 경험을 쌓을 수 있으며, 피드백과 지도를 통해 개

선할 수 있는 기회를 제공합니다.

　게스트 스피커와 인터뷰: 블로깅 분야의 전문가나 성공한 블로거를 초청하여 게스트 스피커로 참여하거나 인터뷰를 진행합니다. 이를 통해 참가자들은 실제 경험과 통찰력을 얻을 수 있고, 질의응답 등을 통해 직접적인 상호 작용이 가능합니다.

　피어 리뷰 및 협업: 참가자들끼리 서로의 블로그 포스트를 읽고 리뷰하며 피드백을 주고받을 수 있는 시간을 마련합니다. 이를 통해 서로의 작업을 향상시키고 동기 부여를 얻을 수 있습니다. 또한, 협업 프로젝트를 통해 팀워크와 커뮤니케이션 능력을 함께 발전시킬 수 있습니다.

　온라인 커뮤니티 구성: 참가자들끼리 소통하고 지원할 수 있는 온라인 커뮤니티를 구성합니다. 이를 통해 질문과 답변, 자료 공유, 상호 도움 등을 할 수 있으며, 수업 외에도 지속적인 지원과 네트워킹의 기회를 제공합니다.

　워크숍 및 실전 훈련: 수업 도중 워크숍이나 실전 훈련 시간을 가지면서 참가자들과 함께 하면 좋습니다.

Chaper 39

생각을 활용하는 방법

어떤가? ChatGPT를 통해 얼마든지 공부할 수 있다는 걸 간접적으로나마 느낄 수 있었는가? 그렇다면 21세기에 적합한 방법으로 공부하는데 준비가 된 상태라고 생각한다. 그런데 여전히 질문하는 게 쉽지 않을 것이다. 그 이유가 뭘까? 질문하는 연습이 되어 있지 않기 때문이다. 우리 모두는 세상에 태어났을 때 호기심 가득한 상태로 태어났다. 유치원, 초등학교 1학년 때까지 생각해 봐라. 자녀들의 엄청난 질문으로 골머리가 아팠을 것이다. 그런데 수업이라는 틀, 성적이라는 틀에 학생을 억지로 맞추다 보니 질문 못하는 사람이 되었다.

질문을 잘하고 싶은가? 그럼 가장 먼저 해야 할 것은 수많은 정보를 머리에 일방적으로 넣으면 안 된다. 그 이유는 오히려 이런 정보들이 '나'라는 존재를 제대로 볼 수 없게 막는 가림막이 되어 줄

뿐이다. 가장 먼저 해야 할 것은 휴식이다. 쉬면서 천천히 생각을 해 봐야 한다. '나는 무엇을 할 때 가장 행복할까?', '내가 어렸을 때 어떤 부분에 대해 가장 호기심을 많이 가지고 있었나?' 천천히 자신의 과거를 돌아보는 과정이 필요하다. 생각은 버리고 추억을 더듬어서 가장 행복했던 필름을 찾는 게 중요하다. 사진, 일기 등 자신의 과거를 바라볼 수 있는 기록을 마주하면서 자신의 '찐' 행복을 찾아낼 수 있어야 된다. 그래서 생기부가 달라져야 하는 것이다. 일기를 평가하는 기준이 달라져야 한다. 사실 일기를 써야 하는 이유와 활용도만 잘 설명해 주면 일기를 숙제로 내 줄 필요가 없다. 스스로 일기를 활용할 수 있게 될 것이다. 왜? 자기의 행복한 미래를 위해서 말이다. 그런데 숙제처럼 일기를 내 주다 보니 현재 어떤가? 성인이 되어서도 여전히 일기를 쓰고 있는가? 그렇게 일기가 중요하다면 왜 머리가 크고 나서는 일기를 쓰지 않는 것일까? 초등학교 고학년만 되더라도 일기는 수능과 상관이 없기에 일기를 쓰면 좋다는 이야기를 더 이상 하지 않는다. 그냥 일기는 숙제를 위한 숙제, 그 나이 때 하는 숙제일 뿐이다. 만약 숙제가 아닌 일기 쓰는 게 삶이 되었다면 우리나라에 글을 잘 쓰는 사람들이 더 많아지지 않았을까? 그러면 글과 관련된 직업이 더 크게 성장할 수밖에 없을 텐데 말이다.

자신의 호기심을 찾아냈다면 다시는 잊어버리지 않도록 기록하자. 그리고 그것에 대한 느낌, 그것에 대한 궁금한 것들, 자신이 그것에 대해 얼마나 알고 있는지 적어 보자. 그 뒤로부터는 어떤 부분을 어떻게 배우면 자신을 성장시킬 수 있는지 자연스럽게 터득할 수 있게 될 것이다. 이게 진짜 공부다. 이게 진짜 성장이다. 이게 진짜 21세기 리더가 가져야 할 자세라고 생각한다. 이렇게 공부하다가 대학이라는 존재가 필요하다면 대학을 선택하면 되는 것이다. 대학을 뺀 상태로 공부하다가 자연스럽게 돈을 벌 수 있는 구조를 발견하게 된다면 그 길로 직업을 만들면 된다. 원래 직업이라는 것을 자연스럽게 생겼다. 원래 직업이라는 것은 결핍과 궁핍을 없애기 위해 만들어졌다.

지금 어디에 결핍과 궁핍을 느끼고 있는가? 당신의 자녀는 어디에 결핍과 궁핍을 느끼고 있는가? 당신과 당신의 자녀는 그걸 하기 위해 태어났다. 이제 그걸 했으면 한다. 당신과 당신의 자녀, 세상의 행복을 위해!

Chaper 40

아프지만 않고 건강하게 커 달라? 그건 몇 살까지만 <u>유효</u>?

엄마가 나한테 이런 질문을 던진 적이 있다. "넌 자녀를 낳으면 아들이 좋니? 딸이 좋니?" 나는 질문을 받자마자 "첫째는 딸이었으면 좋겠어."라고 대답했다. 그런데 질문을 들은 엄마는 "아들인지, 딸인지, 그게 뭐가 중요 하노. 건강하게만 태어나면 되지." 엄마의 말이 틀린 말은 아니지만 저렇게 대답할 거라면 '왜 질문을 했지'라는 생각이 든다. 어이가 없는 대화이기는 하지만 많은 부모가 자식이 태어날 때쯤 되면 다들 저런 생각을 한다. '딸, 아들 뭐가 중요해! 아프지만 않고 건강하게 커 주기만 했으면 좋겠다.' 하지만 어느 정도 자녀가 성장하고 나면 저런 생각은 안드로메다로 사라지게 된다.

"너 숙제했어? 엄마가 공부 다 하고 놀라고 했지! 다 널 위해서 하는 말이니까 얼른 숙제부터 해!"

육체적인 건강이 어느 정도 해결이 되면 그때부터는 학교 공부에만 집중해야 한다. 자녀가 잘 되었으면 하는 부모의 마음을 부정하는 것이 아니다. 한국 부모들이 자녀를 끔찍하게도 아끼고 사랑하는 그 마음은 나뿐만 아니라 전 세계 사람들이 인정하는 부분이다. 하지만 진짜 자녀의 행복을 꿈꾼다면 그 아이의 행동이 아닌 그 아이의 눈을 바라봐야 하지 않을까? 우리 아이가 나라는 존재를 통해 현재 행복을 느끼고 있을까? 저 아이는 무엇을 할 때 행복을 느낄까? 그걸 공부할 수 있도록 내가 어떤 도움을 줄 수 있을까? 행복하게 자녀를 성장시킨 부모들은 어떤 방법을 활용했을까?

수학은 왜 만들어졌을까? 객관적, 즉 공평함을 위해 탄생했다. 그런데 지금 청소년들이 하는 공부, 당신은 그 당시에 객관적으로 원해서 했던 행복한 공부였는가? 우리도 힘들고 재미가 없었는데 지금의 아이들은 안 힘들까? 우리보다 100배는 더 힘들다! 왜냐하면 우리 때보다 재미있는 것들도 더 많아졌고 우리 때보다 공부할 수 있는 방법, 성공하는 방법이 더~~~다양해졌기 때문이다. 심지어 학교 공부를 열심히 해서 현재 자신이 원하는 삶, 평생 직업으로 가질 수 있는 안정된 직장을 얻었는가? 그게 아니라면 당신은 40~50대 이후 무슨 일을 할 것인가? 시험을 위한 수학이 아닌 자기의 삶을 객관적으로 그리고 공평하게 계산을 내리기 위해 수학을 활용해야 한다. 그러면 직업이 아니라 자신의 재능으로 할 수 있는 일들이 보일 것이고 그 일들을 선택적으로 해결하면서 한평생을 살 수 있게 될 것이다.

우리 청소년들은 용돈을 받아야 하고 부모가 제공하는 집, 음식을 통해 성장할 수밖에 없기에 통제권이 없다. 그걸 악용해서 부모들은 강압적인 대화 방식으로 아이들에게 넓은 세상을 다양하게 구경시켜 주기보다는 그저 학교 공부만을 죽어라 시킨다. 이제 강압적인 대화방식은 NO!

이제 MZ 세대는 공무원도 하지 않으려고 한다. 취준생 83%가 취업에 대한 기대가 없다. 이런 상황이 계속 이어진다면 한국의 밝은 미래를 기대할 수 없게 될 것이다. 돈을 가르쳐야 한다. 공부 열심히 월급쟁이가 되는 것을 강요하지 말자. 막연하게 대학만을 위해 학교 공부 열심히 했던 그 노력으로 자기 일을 열심히 해서 능력에 따라서 더 많은 돈을 벌 수 있다는 것을 가르쳐 주자. 더 이상 최저 시급의 함정에 빠지지 말자. 이건 자영업자도 아르바이트생도 그 누구한테도 이득 될 것 없는 근시안적인 대책일 뿐이다. 우리 사회는 시간과 돈을 맞교환하는 함정에서 빠져나와야 한다. 유튜브 <장사의 신>을 운영하는 은현장 대표가 말하길 "신이 모든 사람한테 같은 시간을 줬잖아. 하루 24시간. 너는 26시간 이니? 모든 사람에게 평등한 시간을 줬단 말이야. 그 24시간을 어떻게 쓰느냐에 따라 달라지는 거지. 나는 지금 막 주5일제 이렇잖아 사람들. 사람들 주 5일제 일하면 무슨 기분 들어? 나는 주 4일제를 존나 찬성하는 사람이야. 주 3일제도 존나 찬성해 왜 줄 알아? 너네 3일만 일해. 나는 일주일 일 할 테니까. 너네랑 나랑 캡 차이는 갈수록 벌어질 거야. 이런 마음을 갖고 일을 해야 되는 거야. 사람들은 주 5일제 한다고 하고

주 4, 5일제 한다고 하면 어때? 부러워하잖아? 너는 4, 5일 해! 나는 7일 일할 테니까. 그럼 그게 10년이 되고 20년이 되면 넌 훨씬 더 앞으로 빨리 갈 수 있는 거야. 다른 사람 11시간 일하면, 13시간 일하면서 그 사람들보다 2시간씩 더 빨리 가면 돼! 근데 그 2시간을 가만히 앉아서 고기 두들기고 있다고 되는 게 아니야! 그 시간에 뭘 하냐에 따라서 네 인생이 달라질 거야."

이 말에 공감이 되는 사람은 누구일까? 기업의 대표, 리더, 잘나가는 식당 사장 이런 분들일 것이다. 이분들의 공통점은 뭘까? 자신이 하고 싶은 일을 스스로 선택하고 그 일에서 성과를 내고 있다는 것이다. 하지만 대부분의 사람들은 주 5일, 주 4일 근무를 하고 싶어 한다. 자신이 원치 않는 일을 하고 있거나 원하는 일을 하고 있더라도 월급을 받고 있기에 아무리 열심히 해도 월급이 달라지지 않기 때문이다. 그렇기에 능동적으로 자신이 원하는 일을 하는 사람만이 부자가 될 수 있는 공산국가가 아닌 민주주의, 자본주의 사회 구조다!

내가 한 권의 책을 읽고 3년 1,000권 읽기 도전을 했던 적이 있다. 그 책에는 누구나 3년 동안 책을 1,000권 읽으면 인생이 달라진다고 이야기했다. 이 말을 듣고 스스로 선택해서 3년 1,000권 읽기 도전했고 그 결과 948권의 책을 읽을 수 있게 되었다. 그리고 8권의 책을 쓰는 동안에도 인생이 얼마나 달라졌는지 크게 깨닫지 못했다. 그런데 최근에 강연하면서, 최근에 내가 만나는 사람들을 바라보게 되면서 확실하게 느낄 수 있었다.

대한민국 사람들은 평균적으로 1년에 5권의 책도 읽지 않는다. 그렇다면 대한민국 평균 청년들은 3년 동안 많이 읽어 봤자 15권을 읽었다. 그런데 나는 3년 동안 948권의 책을 읽었다. 이 말은 일반적인 청년들이 63년 2개월 동안 읽는 책을 난 고작 3년 만에 다 읽었다는 뜻이다. 일반적인 청년들보다 산술적으로만 따져도 60년 독서를 많이 한 것이다. 과연 그냥 60년의 차이일 뿐일까? 빅데이터라는 것의 무서움을 안다면 이건 60년의 격차가 아닌 600년 그 이상의 격차라는 것을 알 수 있을 것이다. 그렇기에 나는 <장사의 신> 은 현장 대표처럼 다른 청년들이 주 3~4일 근무하는 걸 찬성한다. 왜냐하면 그들과의 격차를 더 벌리고 싶기 때문이다. 그리고 40~50대가 되었을 때 그때는 그들보다 더 여유롭게 일을 하며 내 삶을 즐길 것이다. 그런 삶을 살기 위해 나는 일요일에도 도서관에 나가 열심히 글을 쓰고 있다. 그리고 나의 멘토링이 필요한 사람이 있다면 밤 12시 든 주말이든 새벽이든 필요 없다. 내가 필요로 하다면 언제든지 달려갈 준비가 되어 있다. 그러면서 서서히 나를 알리고 나의 몸값을 올리고 있다.

아프지만 않고 건강하게 커 달라고? 그건 몇 살까지 유효한 말인가? 평생 그런 삶을 살 수 있도록 마인드를 심어 주는 게 참된 부모의 역할 아닐까?

에필로그 epilogue

　문제아였던 시절부터 문제 해결사가 되기까지 늘 나를 믿어 주고 자랑스러운 아들로 생각해 주신 아버지 안덕주, 어머니 소경화 두 분에게 감사의 인사를 전하며, 귀찮을 수도 있겠지만 매일 보내주는 원고를 읽고 최선을 다해 피드백을 해준 영원한 동반자 박주은, 그녀의 언니 박지은, 그녀의 어머니 송경숙 세 분에게도 감사의 인사를 전한다. 그리고 소중한 딸을 빼앗겼지만 기쁘게 사위로 맞아준 박희열 아버지께도 감사드리며, 특히 책 제목의 아이디어를 준 사랑하는 아내 주은이에게 감사함을 표한다. 김포에 있는 큰누나 안현진, 작은 누나 안수진, 매형 정해성, 아직은 하나밖에 없는 사랑하는 조카 라엘이도 이 책을 꼭 읽길 바라며, 마지막으로 90을 넘긴 할머니께 나의 9번째 책을 보여 줄 수 있게 되어 감사하다.

　무엇보다 결혼하고 첫 번째로 세상에 내 놓는 책으로 자식과도 같은 이 책이 대한민국 수많은 자식(?)들에게 작은 빛이라도 될 수 있길 바라며, 글을 마친다.

자녀가 나처럼 리플레이되지 않으려면

초판 발행 2024년 5월 1일
초판 인쇄 2024년 5월 9일

지은이 안병조
발행인 오세형

편집 디자인 이계섭
진행 표미내

발행처 (주)도서출판 참
등록 일자 2014년 10월 21일
등록 번호 제25100-2022-000090호
주소 서울특별시 구로구 디지털로30길 28 마리오타워 3층 318호
전화 도서 내용 문의 (02) 6347-5071
팩스 (02) 6347-5075

ISBN 979-11-88572-36-6(43190)
가격 15,000원

Copyright© 도서출판 참
All rights reserved

※ 도서출판 참은 참 좋은 책을 만듭니다.
※ 이 교재의 내용을 사전 허가 없이 전재하거나 복제할 경우 법적인 제재를 받게 됨을 알려 드립니다.
※ 잘못된 책은 구입처에서 교환해 드립니다.